Joachim H. Angerstein

Gesund und schlank mit Molke

Joachim H. Angerstein

Gesund und schlank mit Molke

Der Fitmacher für den Alltag

Neuer Schwung mit Molkedrinks
Molkekosmetik zum Selbermachen
Extra: In 14 Tagen 7 kg abnehmen mit der Molkekur

MIDENA

Der Autor: Joachim H. Angerstein, Heilpraktiker und Psychotherapeut, ist Autor zahlreicher Ratgeber zu medizinischen und psychologischen Themen.

Hinweis: Die Inhalte des vorliegenden Ratgebers sind sorgfältig recherchiert und erarbeitet. Dennoch kann aus rechtlichen Gründen weder vom Autor noch vom Verlag eine Haftung oder Gewähr übernommen werden.

Dieses Buch folgt den Regeln der neuen deutschen Rechtschreibung.

Die Deutsche Bibliothek – CIP-Einheitsaufnahme

Angerstein, Joachim H.:
Gesund und schlank mit Molke : der Fitmacher für den Alltag ; neuer Schwung mit Molkedrinks ; Molkekosmetik zum Selbermachen ; Extra: In 14 Tagen 7 kg abnehmen mit der Molkekur / Joachim H. Angerstein.
– Augsburg : Midena, 1999
ISBN 3-310-00633-6

Midena Verlag, München

Lektorat: Franz Leipold
Produktion: Hampp Verlag, Stuttgart
Marketing: Schnarrenberger Kommunikation, Tutzing
Redaktion: Redaktionsbüro Yvonne Georgi, Langenau
Redaktionelle Mitarbeit: Miriam und Thomas Schmidt
Umschlaggestaltung: S / L Kommunikation
Umschlagfotos: Maximilian / Premium (großes Foto), IFA-Bilderteam / Int. Stock (Einklinker)
Satz: pws Print und Werbeservice Stuttgart
Repro: BTB Bild und Text Baun GmbH, Fellbach
Druck und Bindung: Offizin Andersen Nexö – ein Betrieb der INTERDRUCK Graphischer Großbetrieb GmbH
Printed in Germany
ISBN 3-310-00633-6

Inhalt

Vorwort

Die Heilwirkung der Molke ist schon seit Jahrtausenden unbestritten; dass ihr trotzdem so verhältnismäßig wenig Beachtung geschenkt wird, mag vor allem eine Ursache haben: Molke gilt als schnell verderbliches »Nebenprodukt« der Käseherstellung, dessen Beseitigung die Herstellungskosten für den Käse lediglich verteuert. Erst als in den letzten Jahrzehnten optimierte Verfahren der Haltbarmachung die Molke für die Kosmetikindustrie interessant machten, erinnerte man sich auch wieder an ihre bekannt günstigen Wirkungen auf die gesamten Stoffwechselvorgänge im menschlichen Körper.

Im Hinblick auf ihre Heilwirkung ist Molke noch gesünder als Käse und Milch. Weitestgehend befreit von Kasein und Fett ist mit der Molke aus der für Viele schwer verdaulichen Milch und ihren Produkten ein leicht verdauliches Vitalstoffkonzentrat geworden, das der menschlichen Muttermilch – im Gegensatz zur Kuhmilch – sehr ähnlich ist.

Ständiges Unwohlsein und mangelnde Leistungsfähigkeit plagen heutzutage viele Menschen, ohne dass ein triftiger Grund für die Beschwerden gefunden werden kann. Nicht selten sind es Käse, Milch und Milchprodukte, die das menschliche Verdauungssystem anhaltend überfordern und dadurch auf Dauer das Wohlbefinden in Mitleidenschaft ziehen können.

Probieren Sie selbst einmal aus, wie gut Ihnen der tägliche Genuss von Molke tut. Ziehen Sie für sechs Wochen Molke, selbst hergestellten probiotischen Molkejoghurt und -kefir anderen Milchprodukten in Ihrer Ernährung vor, und Sie werden schnell erkennen, welch große Heilkraft in der Molke steckt. Darüber hinaus finden Sie in diesem Buch viele weitere nützliche Molkeanwendungen aus den Bereichen Ernährung, Gesundheit und Kosmetik, die Ihnen zu mehr Wohlbefinden verhelfen.

Wir wünschen uns, dass dieses Buch mit dazu beitragen möge, das Wissen um eines der wertvollsten Nahrungsmittel und bewährtesten Volksheilmittel wieder weiter zu verbreiten.

Kollnburg, im Sommer 1999
Joachim H. Angerstein

Molke – ein altes Heilmittel neu entdeckt

Molke... gehört hat wohl jeder schon einmal davon, doch nur die wenigsten von uns trinken sie regelmäßig. Dabei ist Molke so gesund! Oder hätten sie gedacht, dass schon die alten Ägypter und auch die Römer um ihren gesundheitlichen Nutzen wussten und dieses bekömmliche Milchserum nicht nur innerlich, sondern auch äußerlich anwandten? Neben dem Trinken der frischen Molke wurde nicht erst seit dem Aufkommen der Heilbäder auch darin gebadet – die Erfolge sprachen und sprechen für sich. Erfahren Sie etwas über die Geschichte der Molke und lesen Sie, mit welchen Problemen man sich früher konfrontiert sah, wenn man in den Genuss wirklich frischer Molke kommen wollte. Sie werden feststellen, dass es für uns heute wesentlich unkomplizierter ist, dieses unscheinbare und doch so gesunde Lebensmittel zu uns zu nehmen.

Wo Käse entsteht, ist Molke nicht weit

Bei der Herstellung von einem Kilogramm Käse fallen über fünf Liter Molke an.

Milch, Dickmilch und andere Sauermilchprodukte sind nur kurze Zeit haltbar. Käse war deshalb bis zur Entwicklung der modernen Milchtechnologie die einzige Möglichkeit, sich die gesundheitsfördernden Nährstoffe der Milch über einen längeren Zeitraum hinweg zu erhalten. Wann die Menschen den ersten Käse herstellten, ist nicht bekannt. Wir können jedoch davon ausgehen, dass dies sicher schon 15 000 Jahre her ist.

Seit dieser Zeit fällt Molke an, jene grünlich-wässrige Flüssigkeit, die von den bei der Käseherstellung geronnenen Eiweißen nicht mehr gebunden werden kann. Als Getränk ist die Molke nur für wenige Stunden geeignet, denn danach fängt sie bereits an, einen käsigen und bitteren Geschmack zu entwickeln. Deshalb hat man sie früher entweder gleich getrunken, an das Vieh verfüttert oder aber auch weggeschüttet.

Molke – ein uraltes Heilmittel

Medizinische Wirkungen bei Bädern mit Molke sind uns bereits aus der ägyptischen Heilkunde bekannt. Auf ihre günstige Wirkung bei inneren Anwendungen geht allerdings erst der griechische Arzt Hippokrates ein, als er über das »heilsame Wasser der Milch« schreibt. Geschichtlich nachgewiesen ist auch, dass die Römer bereits Heilstätten hatten, in denen Kranke mit Molke und frischen Heilpflanzen kurten. Auch Paracelsus, Galen, Heim, Hufeland und Noorden berichten als Ärzte über Molkeanwendungen, die vor allem bei den damaligen vorherrschenden medizinischen Hauptproblemen – wie Magen-, Darm- und Gallenleiden, Gicht, Rheumatismus oder Leber- und Hauterkrankungen – eingesetzt wurden. Wie alte Aufzeichnungen zeigen, wurde die Molke schon damals mit großem Erfolg bei allen diesen genannten Erkrankungen angewandt.

Was seit Jahrtausenden bewährt ist, hat auch in der modernen Medizin seine Berechtigung.

Wer hätte gedacht, dass in einer so unscheinbaren Flüssigkeit so viel Gutes steckt?

Molke und Heilwasser sind eine therapeutisch ideale Ergänzung.

Molke – aktuell seit man wieder kurt

Als sich im 18. Jahrhundert das Kurwesen zunehmend entwickelte, kam die Molke vor allem dort zum Ersatz, wo den Ärzten kein Heilwasser für die Anwendungen zur Verfügung stand. Die Erfolge sprachen für sich, und bald wurde auch in den Heilbädern Molke als Therapieergänzung angeboten. Die ärztlichen Berichte aus dieser Zeit weisen immer wieder darauf hin, dass die Kombination von Molke und Heilwasser besonders günstige Wirkungen auf den menschlichen Organismus zeigte.

Wo man kein Heilwasser hatte, wurde mit Molke gekurt. Ende des 19. Jahrhunderts gab es bereits über 160 Molkekurorte allein im deutschsprachigen Raum. Wiederbelebt wurde das Molkekuren in der Schweiz; daher stammen auch die ersten Berichte über die positiven Wirkungen dieser Anwendung.

Da die Molke immer ganz frisch sein musste, wurden die Tiere verständlicherweise in der Nähe der Kurorte gehalten, um stets genügend »Nachschub« parat zu haben. Als die Kur immer mehr zum festen Bestandteil der Heilung wurde und vor allem in der High Society der 20er und 30er Jahre als »schick« galt, wurden auch die Kurbäder immer mondäner. Vielleicht wollte man sich vom Gestank der Ziegen und Kühe nicht mehr den Duft der großen weiten Welt verderben lassen. Jedenfalls wurde es zu Beginn des Ersten Weltkriegs still um die Molke. Bis heute werden Molkeanwendungen fast nur noch in kleinen Kurheimen angeboten, obwohl Molke weiterhin in großen Mengen vorhanden ist; denn immerhin fallen bei der Herstellung von einer Tonne Käse über 5 000 Liter frische Molke an!

Der medizinische Hintergrund der Molkewirkungen wurde erst in den letzten Jahrzehnten endgültig geklärt.

Mit Einsetzen des Wirtschaftswunders und dem ständig zunehmenden Käsebedarf der Bevölkerung fiel natürlich auch immer mehr Molke an. Endlich begann man sich wieder mit den medizinischen Wirkungen der Molke auseinanderzusetzen und diese zu er-

Not macht erfinderisch

Not macht bekanntlich erfinderisch. Neben der Verwertung als Viehfutter erfand man die Herstellung von Molkesirup, Eiersatz, Molkeessig, Molkelimonade, Molkebier, Molkewein, Molkebutter, Molke-Brotaufstrichen usw. Bis zu 25 % beträgt heute der Molkeanteil in Speiseeis. Trotzdem hat Eis essen nichts mit einer Molkekur zu tun, weil die übrigen Eisbestandteile – zum größten Teil Zucker und Fett – die Molkewirkung hemmen. Auch wenn heute von Süßigkeiten gesprochen wird, in denen »nur das Beste aus der Milch« enthalten ist, dann sind damit meist Molke und ihre wertvollen Inhaltsstoffe gemeint.

Molke macht ungesunde Naschereien etwas gesünder.

forschen. Die Forschungsergebnisse waren überzeugend. Molke enthält alle wichtigen und wertvollen Inhaltsstoffe, die wir auch in der Milch vorfinden. Zwar sind die enthaltenen Mengen im Vergleich zur Milch etwas geringer, dafür hat die Molke aber einen entscheidenden Vorteil: ihr fehlen die schwer verdaulichen Kaseine und Fette – wer Molke trinkt, spart im Vergleich zu Milch also gleich noch Kalorien ein.

Molke ist mit der menschlichen Muttermilch vergleichbar.

Was ihre Zusammensetzung betrifft, so hat die Molke eine große Ähnlichkeit mit der menschlichen Muttermilch. Während Kuhmilch und natürlich auch Käse das menschliche Verdauungssystem sehr stark beanspruchen, verdaut sich Molke nahezu von selbst und belastet so unseren Organismus nur in ganz geringem Maße.

Fünf Liter gesunde Molke fallen an, wenn aus frischer Milch durch Gerinnung ein Kilogramm Käse entstanden ist – viel zu wertvoll zum Wegschütten!

Milch schmeckt gut – Molke tut gut

Durch den Gerinnungsprozess zur Gewinnung der Käsemasse gerinnen alle schwer verdaulichen Milchbestandteile und werden an die Käsemasse gebunden. Im Molkewasser verbleibt lediglich das sogenannte Molkeeiweiß, auch Globulin-Albumin genannt. Es ist das hochwertigste Eiweiß der Natur und in seinem chemischen Aufbau nahezu identisch mit dem menschlichen Bluteiweiß.

In der Molke ist nur das Beste aus der Milch enthalten.

Dazu kommt, dass das Molkeeiweiß auch noch äußerst leicht verdaulich ist. Sein hoher Anteil in der menschlichen Muttermilch weist ebenfalls darauf hin, dass es eines der wichtigsten natürlichen Eiweiße für den Menschen ist. Bereits kleine Mengen davon reichen aus, um den täglichen Eiweißbedarf des menschlichen Organismus zu decken.

Wichtig zu erwähnen ist auch noch der geringe Fettanteil der Molke. Er trägt mit zur leichten Verdaulichkeit bei und bewirkt vor allem den niedrigen Kaloriengehalt der Molke – 100 g Molke enthalten nur ca. 25 Kalorien. Dadurch eignet sich Molke pur oder in Verbindung mit leckeren Rezepten besonders gut für Fastenkuren, zum Entschlacken und zur Gewichtsreduktion, wie wir sie hier in unserem Buch vorstellen.

Das Haltbarkeitsproblem wurde gelöst

Bereits nach zwei bis drei Stunden beginnt die wässrige, leicht grünliche Molkeflüssigkeit zu verderben und einen unangenehmen käsigen Geschmack zu entwickeln. Erst in letzter Zeit entwickelte man schonende Trocknungs- und Konservierungsverfahren, die es ermöglichen, jederzeit und überall Molke anzuwenden. Frischmolke wird heutzutage im Vakuum getrocknet. Somit steht uns heute Molke für einen vielfältigen Einsatz zur Verfügung – zum Wohle unserer Gesundheit.

Während Molke früher nur zwei bis drei Stunden haltbar war, ist es heute möglich, sie langfristig zu konservieren.

Was Molke so gesund macht

Nicht die Menge, sondern die biologische Wertigkeit der Inhaltsstoffe spricht für die Molke.

Wer Milch trinkt, lebt gesund – so dachte man bislang, und diese Annahme ist auch keineswegs verkehrt. Milch liefert uns viele wertvolle Inhaltsstoffe, die uns fit und aktiv halten. Doch ein kleiner bitterer Nachgeschmack bleibt der Milch anhaften – ihre Kalorien. Im Vergleich mit Molke zieht sie eindeutig den Kürzeren; denn Molke enthält alle gesunden Vitalstoffe, die wir auch in der Milch finden, und trumpft gleichzeitig noch mit einem niedrigen Kaloriengehalt auf. Somit wird sie zum idealen Begleiter bei Fasten- und Entschlackungskuren und bei der Gewichtsreduktion. Im folgenden Kapitel informieren wir Sie über die zahlreichen Inhaltsstoffe der Molke und ihren gesundheitlichen Wert. Seien Sie überrascht, wie viel Gutes in diesem »alten« Hausmittel steckt!

Das Gute in der Molke

Unter dem Gesichtspunkt der biologischen Wertigkeit enthält Molke hochwertigere Eiweiße, Vitamine und Mineralien als Milch oder Käse.

Besonders hervorzuheben ist der hohe Gehalt der Molke an Mineralstoffen, vor allem Kalium, Kalzium, Phosphor, sowie an Milchzucker und zahlreichen Vitaminen. Nahezu frei von Fett und Milcheiweiß bietet Molke lebenswichtige und hochwertige Proteine, vor allem Albumin. Albumin senkt, als körpereigener Eiweißstoff, den Appetit und steigert die gute Laune. Milchzucker hat den Vorteil, dass er im Gegensatz zu Glukose, die in unserer »modernen« Ernährung allgegenwärtig ist, den Fettsäureabbau nicht blockiert.

Tierversuche und klinische Untersuchungen haben ergeben, dass Molkeeiweiß die höchste bekannte biologische Wertigkeit überhaupt besitzt. Je weniger wir von einem Nahrungseiweiß benötigen, um den Eiweißbedarf unseres Körpers zu decken, um so wertvoller ist das Nahrungsmittel. Unter den Eiweißen stellt Molke hier den eindeutigen Spitzenreiter dar.

Warum wir Milchzucker brauchen

Milchzucker, auch Laktose genannt, ist ein Zweifachzucker aus Glukose und Galaktose, der ausschließlich in der Milch von Säugetieren vorkommt. Der Anteil an Milchzucker in der Molke beträgt ca. 5 %. Die verschiedenen Zucker liefern uns lebensnotwendige Energie – sie sind der Treibstoff unseres Körpers und die beste Nahrungsquelle für die wichtigen Darmbakterien, die uns gesund erhalten. Die Laktose wird über die Darmschleimhaut aufgenommen (Resorption), gelangt direkt ins Blut und ist sofort als Blutzucker verfügbar.

Die Süßkraft des Milchzuckers entspricht etwa einem Viertel des normalen Zuckers. Dies ist nur von Vorteil, denn der Milchzucker geht bedeutend langsamer in die Blutbahn über als Haushalts- oder Traubenzucker. So werden die insulinproduzierenden Inselzellen der Bauchspeicheldrüse nicht ständig überfordert, wie dies bei allen süßen Speisen und Backwaren der Fall ist. Der Zuckerkrankheit als einer Folge langjähriger Überforderung der Bauchspeicheldrüse kann somit vorgebeugt werden, wenn wir lernen, uns mit der natürlichen Süße des wesentlich gesünderen Milchzuckers zu begnügen.

Der Milchzucker der Molke schont die Bauchspeicheldrüse.

Milchzucker gibt Energie – aber langsam

Auch auf die Ausdauer von Sportlern wirkt sich der effiziente Milchzucker aus, wie er im Molketrunk enthalten ist. Diese ermüden nämlich erst viel später, als wenn sie sich mit einem Traubenzuckerstoß gepuscht hätten. Traubenzucker ist zwar ebenfalls schnell im Blut verfügbar, wird aber genauso schnell wieder abgebaut. Milchzucker hingegen setzt die Energie langsamer, dafür aber gleichmäßiger frei.

Was bei der Verdauung von Milchzucker geschieht

Der in Molke enthaltene Milchzucker sorgt für optimale Zustände im Darm – und trägt somit zu einem geregelten Abtransport schädlicher Schlackenstoffe bei.

Gelegentlich wird behauptet, Milchzucker stelle eine Belastung für unser Verdauungssystem dar. Richtig ist, dass beim Säugling der Milchzucker bereits im Magen durch das Enzym Laktase verdaut wird. Nach Übergang zur Mischkost stellt der Körper die Produktion des Verdauungsenzyms Laktase zunehmend ein. Weil die Laktose dadurch unbeschadet den Darm erreicht, beginnen sich die Darmbakterien auf die Verdauung des Milchzuckers einzurichten, denn sie erkennen den Milchzucker schnell als eine ideale Kraftnahrung. So ist Mensch und Darm geholfen. Die bei der Verdauung des Milchzuckers entstehende Milchsäure führt zu einem sauren Darmmilieu, in dem unerwünschte Bakterien abgetötet werden, nützliche Bakterien dagegen einen idealen Nährboden vorfinden. Als typisches Zeichen der Darmgesundheit entwickelt sich ein geregelter Stuhlgang; der Stuhl tritt ein- bis dreimal täglich auf und ist von weicher, aber geformter Konsistenz. Bei den Naturvölkern beispielsweise ist ein zahlenmäßig gleiches Verhältnis zwischen Hauptmahlzeiten und Stuhlgang die Regel. Bei drei Hauptmahlzeiten kommt es folglich auch zu drei Darmentleerungen.

Die Überlegung ist einfach: Unser Darm ist nicht nur ein »Aufnahmebereich«, er ist zugleich auch das größte Ausscheidungsorgan für die Giftstoffe, die permanent in unserem Körper anfallen. Allein bis zu eineinhalb Liter Gallenflüssigkeit, beladen mit allen Abbaustoffen aus der Leber, gelangen täglich in unseren Darm. Und je länger diese Stoffe im Darm verbleiben, desto größer ist die Gefahr, dass Sie wieder in die Blutbahn gelangen – was verständlicherweise nicht gesund ist. Unter diesem Aspekt ist einfach nachzuvollziehen, dass ein geregelter Stuhlgang zur Gesunderhaltung unseres Körpers von großer Bedeutung ist. Warum sollten wir zu diesem Zweck also nicht auf die hilfreiche Unterstützung der Molke zurückgreifen?

Molkemilchzucker ist das pure Kraftfutter für unsere Darmbakterien.

Sie liefern uns das wohlschmeckende Ausgangsprodukt, aus dem nicht nur Joghurt, Käse, Quark, sondern eben auch die gesunde Molke entsteht.

Rechts- oder linksdrehend – keine Frage

Die Beurteilung, ob ein Milchsäurebakterienstamm rechts- oder linksdrehend ist, kann nur ein Fachmann liefern. Dazu bedarf es einer exakten Laboruntersuchung in polarisiertem Licht. Für den Verbraucher ist lediglich von entscheidender Bedeutung zu wissen, dass linksdrehende Milchsäure für den menschlichen Körper eine unnütze Belastung darstellt und daher ausschließlich die rechtsdrehende Milchsäure von Nutzen ist.

Linksdrehende Milchsäure gelangt fast ausschließlich durch die Nahrung oder durch die Produktion von ungünstigen Darmbakterien in unseren Körper. Er kann mit dieser Milchsäure nichts anfangen und scheidet sie möglichst schnell wieder über die Nieren aus. Kleinere Mengen können auch in der Leber mit Hilfe eines speziellen Enzyms abgebaut werden. Größere Mengen stellen jedoch eine ernst zu nehmende Belastung im Sinne einer Übersäuerung

Nur die richtigen Darmbakterien sind in der Lage, die günstige rechtsdrehende Milchsäure zu erzeugen.

Linksdrehende Milchsäure stellt für unseren Körper immer ein Belastung dar.

für unseren gesamten Organismus dar. Auch deshalb ist die richtige Darmbesiedelung mit den entsprechenden »guten« Bakterien so wichtig für unsere Gesundheit.

Orotsäure schützt nicht nur die Leber

»Oros« ist das griechische Wort für Molke, aus dem sich der Name Orotsäure ableitet. Diese Orotsäure wird gelegentlich auch als Vitamin B_{13} bezeichnet. Sie ist ein ganz entscheidender Faktor für die Stoffwechselfunktionen unseres Körpers, denn im zellinternen Stoffwechsel spielt sie als Aktivator der Nukleinsäuren eine entscheidende Rolle. Sie schützt die Leberzellen vor aufgenommenen Giften und hilft dem Körper bei der Reparatur und dem Neuaufbau von Leberzellen. Ferner verstärkt die Orotsäure die Entgiftungsarbeit der Leber und verbessert gleichzeitig die Leistungsfähigkeit der Herzmuskelzellen sowie den Hirnstoffwechsel. Einige Untersuchungen lassen sogar eine gewisse Krebsschutzwirkung vermuten.

Orotsäure unterstützt den Einbau von Magnesium in unsere Körperzellen, das in der Molke in ausreichenden Mengen enthalten ist. Somit wird ihre günstige Wirkung auch noch durch die Wirkung des Magnesiums verstärkt. Nehmen wir also Orotsäure durch die gesunde Molke auf, schlagen wir gleich zwei Fliegen mit einer Klappe.

Die Orotsäure trägt entscheidend zur günstigen Wirkung der Molke bei.

Ein Mangel von Orotsäure führt zur sogenannten Dysbakterie – einem Bakterienmangel – im Darm und zu Stoffwechselstörungen der Leber. Arterienverkalkung, Gedächtnisschwund, Interesselosigkeit und leichtere Ermüdbarkeit sind weitere Folgen. Die vermutete cholesterinsenkende Wirkung konnte bislang wissenschaftlich noch nicht bewiesen werden. Auf jeden Fall aber stimmen viele Wissenschaftler in der Ansicht überein, dass die Orotsäure der eigentliche Schlüssel zu den günstigen Heilwirkungen der Molke ist.

Keine Abwehr ohne Immunglobuline

Immunglobuline, auch als Gammaglobuline bezeichnet, sind jene Eiweißstoffe, die unser Immunsystem zum Aufbau seiner spezifischen Abwehrkörper braucht, speziell der B-Lymphozyten. Hiervon ist in der Molke so viel enthalten, dass die Abwehrbereitschaft gegenüber Krankheitserregern nachweislich deutlich zunimmt.

Die Eiweiße der Molke sind ideales Baumaterial für unser Abwehrsystem.

Enzyme – Motoren des Lebens

Wie kommt man zu dieser Aussage? Überall, wo Stoffwechselvorgänge stattfinden, starten und steuern Enzyme den Prozess, ohne sich dabei selbst zu verbrauchen. Ob es nun um den Zellauf- und -abbau, um die Verdauung oder gar um die Auflösung und damit Zerstörung von krankmachenden Bakterien geht – ohne Enzyme läuft nichts. Über die Ausscheidungsprodukte unseres Körpers wie Stuhl, Harn und Schweiß gehen jedoch täglich unzählige von ihnen verloren.

Nur frische Molke, wie sie in unserem Molkequark, Molkejoghurt und Molkekefir (siehe die Grundrezepte ab Seite 40) enthalten ist, verfügt über wirkungsvolle Enzyme.

Man nimmt an, dass in unserem Körper über 1000 unterschiedliche Enzyme ihre Funktion ausüben. Zwar kann unser Körper die erforderlichen Enzyme selbst bilden. Werden ihm aber die dafür notwendigen Bausteine über die Nahrung zugeführt, so wird ihm dadurch der Aufbau dieser lebensnotwendigen Stoffe wesentlich erleichtert.

Eine direkte Einwirkung durch die eiweißspaltenden Enzyme, die Lysozyme genannt werden, erleben wir nur im Darm. Wenn wir also wollen, dass die Enzyme der Molke möglichst unbeschadet durch die Magensäure in den Darm gelangen, dann sollten wir sie zwischen den Mahlzeiten trinken. Denn alles, was wir während einer Mahlzeit trinken, wird mit der Nahrung vermischt und bleibt so lange im Magen, bis es ausreichend mit Magensäure durchtränkt und damit für die weitere Verdauung vorbereitet ist.

Die Magensalzsäure schützt zwar vor Krankheitserregern, zerstört jedoch auch wichtige Wirkstoffe.

Die Molkeenzyme helfen im Darm vor allem schwer verdauliche und belastende Eiweißverbindungen aufzuspalten. Durch diese Arbeit können Nieren und Leber entscheidend entlastet werden. So wird z. B. auch ein von den Nieren verursachter Bluthochdruck dadurch messbar gesenkt. Des Weiteren sind die von den Molkeenzymen bevorzugt abgebauten Eiweißverbindungen u. a. der Hauptbaustoff von schnell wachsenden Zellen. Bei dem gesteigerten Abbau durch die Molkeenzyme wird also auch das Wachstum von Krebs- und Tumorzellen jeder Art gebremst.

Wer Molke trinkt, harmonisiert damit gleichzeitig auch die Funktionen der Bauchspeicheldrüse, denn unter Einwirkung der Enzyme aus der Molke kommt es zu einer sanften Regulierung der Insulinproduktion. Molke liefert nämlich wichtige Grundmaterialien für den Aufbau des Hormons Insulin und die Funktion aller weiteren Prozesse in der Bauchspeicheldrüse. Molkezucker wird nur langsam an das Blut abgegeben, der Blutzuckerspiegel somit wenig belastet und dadurch der Hunger gedämpft. Hier liegt der Schlüssel zu einer gesunden und effektiven Gewichtsreduktion.

Molke reguliert auf sanfte Weise die Insulinproduktion und schützt somit vor der Zuckerkrankheit.

Natürlich ist all dies besonders bei unbehandelter Molke der Fall und sicher mit ein Grund für die hervorragenden Erfolge bei Molke-Trinkkuren, die direkt in der Nähe einer Molkerei, Käserei oder Sennerei mit dem ganz frischen Produkt durchgeführt werden. Aber auch haltbare Molke leistet für unsere Gesundheit noch sehr wertvolle Arbeit.

Besonders mit den nachfolgend beschriebenen probiotischen Molkezubereitungen können Sie sich die positive Wirkung der Molkeenzyme voll zunutze machen.

Mineralstoffe, Spurenelemente und Vitamine in der Molke

Mindestens ebenso wichtig wie der Mineralstoffgehalt der Molke ist die dadurch gestärkte Bakterienflora des Darms, die damit auch Mineralien, die wir über die übrige Nahrung aufnehmen, besser aufschließen kann.

Kalium schützt Herz und Kreislauf, indem es den Blutdruck senkt.

Im Folgenden sind die einzelnen Mineralstoffe und Spurenelemente und ihre Funktionen für einzelne Abläufe im Körper genau beschrieben. Dazu kommen außerdem noch zahlreiche Vitamine, die Molke zu einem wahren Fitnesstrunk machen.

Kalium reguliert den Wasserhaushalt

Als Gegenspieler des Natriums ist Kalium an der Regulierung des Wasserhaushaltes beteiligt. Wir finden es vor allem im Inneren der Körperzellen, wo es eine erhöhte Wasseraufnahme bremst. Hierdurch erklärt sich die günstige Wirkung der kaliumhaltigen Molke bei Bluthochdruck. Auch bei der Weiterleitung der Nervenreize und für die Muskeltätigkeit ist es unverzichtbar. Darüber hinaus ist Kalium ein wichtiger Bestandteil der Verdauungssäfte des Magens und des Darms.

Molke macht alle Mineralien noch wirkungsvoller.

Symptome eines Kaliummangels sind Muskelschlaffheit und -zittern, Herzschwäche und Darmlähmungen. Wer eine Fastenkur mit Molke durchführt, wird aber unter diesen Problemen nicht zu leiden haben.

Überall, wo im Körper etwas gesteuert wird, ist Magnesium mit dabei.

Magnesium macht sich für Muskeln und Nerven stark

Magnesium ist Bestandteil und Aktivator wichtiger Reglerstoffe, die zur Energiegewinnung im Körper benötigt werden. Es ist an der Reizübertragung zwischen Nerven und Muskeln beteiligt und spielt auch bei der Blutgerinnung eine wesentliche Rolle.

Ein Mangel an Magnesium äußert sich ähnlich wie ein Kaliummangel mit Muskelkrämpfen, Schwindel, Unruhe und Zittern sowie Herz- und Kreislaufbeschwerden.

Wer starke Knochen will, braucht Kalzium

Mit über einem Kilogramm ist Kalzium das mengenmäßig wichtigste Mineral in unserem Körper. 99 % davon sind in den Knochen und Zähnen eingelagert. Der Rest befindet sich überwiegend im Blut, wo er die Blutgerinnung und die Erregbarkeit von Muskeln und Nerven stabilisiert. Mit zunehmendem Alter nimmt der Kalziumgehalt des menschlichen Skeletts ab – oft so weit, dass es zu einer erhöhten Knochenbrüchigkeit kommt. Man spricht dann von Osteoporose, einer Krankheit, bei der das Knochengewebe immer poröser und damit brüchiger wird und von der vor allem Frauen nach den Wechseljahren stark betroffen sind. Dieser Vorgang lässt sich vor allem durch ständige intensive Belastung des Knochensystems bremsen. Spezielle Gymnastik und eine ausdauernde sportliche Betätigung fördern die Bereitschaft des Körpers, vermehrt Kalzium in die Knochen einzulagern und somit einem frühzeitigen Verschleiß und Brüchigwerden vorzubeugen.

Kalzium aus Molke ist für unseren Körper leichter verwertbar als das aus Milch.

Besonders interessant ist das Ergebnis wissenschaftlicher Untersuchungen, die belegen, dass das Kalzium aus Molke in viel höheren Mengen in den Knochen eingelagert wird als jenes aus Milch oder Käse, die bekanntlich zusätzlich Kasein und Fette enthalten. Dies ist nicht weiter verwunderlich, wenn man weiß, dass zur Resorption von Kasein und Milchfett dem Knochen Kalzium entzogen wird. Ist der Verzehr von Milch und Käse sehr hoch, kann es sogar zu einem Kalziummangel kommen, man spricht von Kalziurie.

Wenn man es von der ernährungstechnischen Seite betrachtet, ist Molke anstelle von Milch oder Käse demnach die ideale Lösung für die Osteoporosevorbeugung. Die Kombination von Östrogenen, Vitamin D und Molke scheint günstiger zu sein als die kombinierte Anwendung mit Milch und Käse oder Kalziumpräparaten. Beim Einsatz dieser Kalziumpräparate kommt es zudem häufig zur Bildung von Harnsteinen und Nierenstörungen – vor allem dann, wenn gleichzeitig oxalsäurehaltige Nahrung gegessen wird. Bei vergleichbarer Wirkung wurde dies bei Molkeanwendungen nicht beobachtet.

Zellen und Knochen brauchen Phosphor

Der Phosphor- und Kalziumstoffwechsel sind eng miteinander verbunden. Phosphor ist ein wichtiger Baustein des Skeletts und der Zellen (Phosphoproteine und Phospholipide). Phosphor kommt außerdem in Nukleinsäuren vor, die Träger und Vermittler von genetischen Informationen sind.

Ohne Phosphor lässt sich Kalzium nicht in die Knochen einbauen.

Kraftvoll zubeißen dank Fluor

Fluor spielt vor allem eine entscheidende Rolle beim Zahnaufbau und bei der allgemeinen Mundhygiene. 1½ l Molke enthalten nahezu die empfohlene Tagesdosis dieses Mineralstoffs. Wenn Sie also viel Molke trinken, können Sie getrost auf zusätzliche Fluorgaben, z. B. durch fluoriertes Speisesalz, verzichten, denn eine Überdosierung dieses Spurenelements bringt u. a. unschöne, bräunliche Verfärbungen auf den Zähnen mit sich und stört den Knochenstoffwechsel.

Molkefluor ist frei von ungünstigen Nebenwirkungen.

Jod für eine gesunde Schilddrüse

Jodmangel wirkt sich vor allem auf die Schilddrüse und die von ihr gebildeten Hormone aus. Ein Kropf ist der Versuch der Schilddrüse,

Wer regelmäßig Molke trinkt, hat gut lachen. Die Zähne werden optimal mit Fluor versorgt und danken es Ihnen mit »Bissfestigkeit«.

Milch und Molke sind nicht zur alleinigen Jodversorgung geeignet.

trotz zu wenig Jod ausreichend Hormone bilden zu können. Leider ist dies aber ein erfolgloser Versuch, der sich zudem auch optisch sehr unschön äußert.

Der Jodgehalt in der Molke kann sehr stark schwanken, Sie sollten sich deshalb nicht nur auf die Molke als einzigen Jodlieferanten verlassen. Schwitzen oder Frieren, Heißhunger oder Appetitlosigkeit, plötzliche Zu- oder Abnahme des Körpergewichts sind typische Anzeichen für einen Jodmangel.

Starke Sehkraft dank Vitamin A

Molkevitamine haben eine besonders hohe biologische Wertigkeit, deshalb wirken sie bereits in kleineren Mengen.

Vitamin A entsteht im Organismus aus dem Provitamin Beta-Carotin sowie einigen anderen, ähnlich gebauten Carotinoiden. Es erfüllt wichtige Funktionen beim Sehprozess, hat eine Bedeutung für die Fortpflanzung, ist wichtig zur Erhaltung von Struktur und Funktion von Schleimhäuten und Knorpelgewebe. Auch für die Erhaltung der Infektionsabwehr spielt es eine nicht unwesentliche Rolle. Es wird aufgrund wissenschaftlicher Untersuchungen zunehmend wahrscheinlicher, dass Carotinoide auch das Risiko vermindern können, an Lungen-, Speiseröhren- oder Magenkrebs zu erkranken.

Ein Abbau und eine Verhornung der Schleimhäute von Atem- und Geschlechtsorganen sowie die sogenannte Nachtblindheit sind typische Anzeichen für einen Vitamin-A-Mangel.

Auch natürliche Vitamine unterscheiden sich in ihrer Wirkkraft, je nachdem, wie sie dem entsprechenden Naturprodukt entnommen und konserviert wurden.

B-Vitamine – Garanten für Gelassenheit und Nervenstärke

Vitamin B_1 (Thiamin) ist ein Coenzym bei wichtigen Reaktionen im Energie- und Kohlenhydratstoffwechsel. Störungen im Kohlenhydratstoffwechsel, Muskelschwäche, Appetitlosigkeit, Gewichtsverlust, Herzrasen, Veränderungen des EKGs, psychische Erschöpfung, Depressionen und Verschlechterung des Gedächtnisses sind deutliche Mangelzeichen.

Vitamin B_1 unterstützt das Herz und schützt die Nerven.

Vitamin B_2

Vitamin B_2, das auch als Riboflavin oder Lactoflavin bezeichnet wird, ist Bestandteil von zwei Coenzymen, denen eine zentrale Bedeutung im oxidativen Stoffwechsel zukommt. Symptome eines Vitamin-B_2-Mangels sind sogenannte Rhagaden (Risse) in den Mundwinkeln, Abbau der Zungenschleimhaut, Rötung und Schuppenbildung der Haut um Auge, Nase und Lippen, ferner Fehlentwicklung der Fingernägel, Wachstumshemmung und in schweren Fällen Blutarmut.

Molketrinker nehmen immer ausreichend Vitamin B_2 zu sich.

Vitamin B_5

Niacin, Vitamin B_5 und Vitamin PP sind die Sammelnamen für Nicotinsäureamid und Nicotinsäure. Nicotinsäureamid und Nicotinsäure sind wichtig bei der Übertragung von Wasserstoff im Stoffwechsel zwischen den Zellen. Sie sind am Auf- und Abbau von

Mit Molke kann unser Körper selbst Vitamin B_5 bilden.

Kohlenhydraten, Fettsäuren und Aminosäuren beteiligt. Der menschliche Organismus kann aus der in der Molke enthaltenen, essenziellen Aminosäure Tryptophan Nicotinsäure auch selbst herstellen. Mit Molke sind wir folglich wieder auf der sicheren Seite, was die Versorgung des Körpers mit diesem Stoff anbelangt.

Vitamin B_3

Pantothensäure wird auch als Vitamin B_3 bezeichnet. Sie ist im Stoffwechsel unseres Körpers als Bestandteil des Coenzyms A von zentraler Bedeutung für den Abbau der Nährstoffe, aber auch für verschiedene Biosynthesen. Pantothensäure verstärkt die Abwehrkraft gegenüber Infektionen und intensiviert zudem das Haarwachstum und die Haarfärbung. Pantothensäure ist wasserlöslich und hitzeempfindlich. Beim Garen und Haltbarmachen sind Zubereitungsverluste mit etwa 30 % zu berechnen. Besonders deshalb ist es von Vorteil, dass mit Molke ernährte Darmbakterien in der Lage sind, selbst Pantothensäure zu bilden.

Mit Molke genährte Darmbakterien erzeugen Pantothensäure selbst.

Vitamin B_6

Vitamin B_6 oder Pyridoxin ist in erster Linie mit dem Eiweißstoffwechsel verknüpft. Außerdem werden durch Vitamin B_6 Funktionen des Nervensystems sowie die Immunabwehr und die Blutbildung positiv beeinflusst.

Vermutlich kann auch Vitamin B_6 von gesunden Darmbakterien gebildet werden.

Ein schwerer Mangel an diesem Vitamin äußert sich in Form einer Hautentzündung im Nasen-Augen-Mund-Bereich sowie eines Blutmangels, der sich nicht mit Eisen beeinflussen lässt. Ferner zählen dazu Nervenentzündungen und Empfindungsstörungen, bei Säuglingen kann es zu Krämpfen kommen.

Biotin

Biotin wird heute ebenfalls den Vitaminen der B-Gruppe zugeordnet. Als Coenzym hilft es bei der Synthese von Kohlenhydraten und

Fettsäuren. Seine Bioverfügbarkeit ist in der Molke besonders hoch, damit ist gemeint, dass unser Körper das Biotin aus Molke besonders leicht und ohne größere Verluste in seine Stoffwechselprozesse integrieren kann. Bei regelmäßiger Molkeanwendung nimmt zudem die Eigenproduktion von Biotin durch unsere Darmbakterien zu.

Biotin wird von gesunden Darmbakterien selbst gebildet, wenn es nicht ausreichend in der Nahrung vorhanden ist.

Folsäure

Folsäure wird auch als Pteroylglutaminsäure oder Vitamin M bezeichnet. Sie ist vor allem an Prozessen der Zellteilung und damit an der Zellneubildung beteiligt. Die Bioverfügbarkeit von Nahrungsfolat aus Molke liegt im Durchschnitt über 90%. Ein Wert, den sonst kaum ein anderes Nahrungsmittel erreicht. Deshalb spielt die Folsäure trotz ihres relativ geringen Vorkommens in der Molke eine wichtige Rolle. Ist Folsäure nicht ausreichend vorhanden, so kommt es zu Störungen in der Bildung der Blutzellen. Schleimhautveränderungen im Bereich der Mundhöhle und des Verdauungstraktes, Hautentzündungen, Herabsetzung der Antikörperbildung und Knochenveränderungen sind weitere Hinweise auf einen Mangel an diesem Vitamin.

Die hohe biologische Wertigkeit der Molkefolsäure hilft unserem Körper, mit weniger Folsäure auszukommen.

Vitamin B_{12}

Vitamin B_{12} ist Bestandteil vieler Reglerstoffe und daher in jeder Körperzelle vorhanden. Es wird auch bei der Zellteilung und der Aktivierung der Folsäure benötigt. So liegt bei einem B_{12}-Mangel auch immer die für einen Folsäuremangel typische Blutarmut vor. Ein B_{12}-Mangel äußert sich in Schäden an Haut und Schleimhäuten, Nervenstörungen und Blutarmut (der sogenannten perniziösen Anämie). Ob das von unseren Darmbakterien gebildete Vitamin B_{12} im Körperstoffwechsel verwendet werden kann, ist noch strittig. Umso beruhigender ist es, zu wissen, dass bereits 1½ l Molke den Tagesbedarf decken.

1½ l Molke decken den Tagesbedarf an Vitamin B_{12}.

Molke als idealer Nährstoff für die Helfer in unserem Körper

Für den einen oder anderen unter uns mag es vielleicht keine schöne Vorstellung und erst einmal gewöhnungsbedürftig sein, dass wir in unserem täglichen Leben ständig von Bakterien umgeben sind. Andererseits wird uns dadurch aber auch bewusst, wie sehr wir von dem Leben »in« und »auf« uns abhängig sind. Denn in und auf unserem Körper leben Milliarden kleinster Lebewesen.

Bereits bei der Geburt übernehmen wir lebensschützende Bakterien. Aber auch in der Apotheke, im Reformhaus, im Naturkostladen oder in der Fachdrogerie ist ein Produkt erhältlich, das all die aufgezählten Inhaltsstoffe sicher enthält: Molkosan von Bioforce zählt zu den bekanntesten Molkekonzentraten, die mit Fruchtsäften angenehm schmecken und dabei die richtige Versorgung des Körpers gewährleisten. Molkosan ist als Konzentrat sehr ergiebig und vielseitig anwendbar – beispielsweise als Grundlage für gesunde Drinks und als Säuerungsmittel von Salatsaucen anstelle von Essig. In der Trennkost wird es als neutrales Lebensmittel häufig empfohlen.

Wo die Guten wohnen, ist für die Bösen kein Platz

Wo Bakterien anwesend sind, die in friedlicher Koalition mit unserem Körper leben, ist kein Platz für andere, krank machende Kollegen. Wie gigantisch diese Helferwelt auf und in unserem Körper ist, mögen uns einige Zahlen verdeutlichen:

Allein auf zwei Quadratzentimetern unserer Haut leben mehr Mikroben als Menschen auf unserem Planeten. Mit einer Gesamtoberfläche von nahezu 300 Quadratmetern ist die Kontaktfläche unseres Darmes zur Nahrung ebenso groß, wie die der Wurzeln

Milchsäurebakterien – Helfer im Verborgenen

Erst ein Teil dessen, was die in unserem Darm siedelnden Milchsäurebakterien Gutes für uns tun, ist bereits erkannt:

- Sie sorgen für einen Nährstoffausgleich – was uns fehlt, fehlt auch ihnen. Wenn über die Nahrung nicht alle wichtigen Stoffe zugeführt werden, bilden sie selbst Eiweiße, Vitamine, Hormone und Enzyme. Diese Stoffe gehen auch in die Blutbahn über und ernähren unseren Körper mit.
- Da sie die Darmschleimhaut wie ein Teppich überziehen, muss jeder Stoff, der in die Blutbahn will, erst an ihnen vorbei. Um nicht selbst vergiftet zu werden, bauen sie Giftstoffe ab, darunter auch das schädliche Cholesterin. Für die meisten Krankheitserreger stellt ihre Schutzmauer eine unüberwindliche Grenze dar.
- Auf der Blutseite steht ihnen das Abwehrsystem unseres Körpers entgegen, denn in die Blutbahn dürfen die Bakterien der Schleimhäute auf keinen Fall gelangen. So wird das Abwehrsystem in unserem Blut ständig trainiert, wach und aktiv gehalten. Auch die Abwehrkörper unseres Blutes kämpfen nicht für unseren Körper, sondern um das eigene Leben. Unsere Gesundheit ist eine Art Nebenwirkung.
- Im Dickdarm, der die stärkste Bakterienbesiedlung hat, wird auch noch das letzte verwertbare Molekül aus den bisher unverdauten Faserstoffen herausgeholt. Die Ausscheidungsstoffe der Darmbakterien gelangen durch die Darmwand in unsere Blutbahn und ernähren uns auf diese Weise. Es bleibt nicht mehr viel davon übrig, was wir unserem Körper als Nahrung zuführten, denn bis zu zwei Drittel unseres Stuhlgangs sind abgestorbene Bakterien und oft nur ein Drittel unverdauliche Nahrungsbestandteile.

eines mittelgroßen Baumes zum Erdreich. Ein durchaus vergleichbares Bild, denn auch ein Baum könnte ohne die hilfreichen Bakterien und Kleinstlebewesen an seinen Wurzeln die Nährstoffe der Erde nicht aufnehmen. Über 90 % unserer Körperzellen gehören nicht »direkt« zu unserem Körper, sondern sind als hilfreiche Untermieter einzustufen. Wie sehr unser Körper vor allem ein perfekt organisiertes Verteidigungssystem ist, erkennen wir daran, dass jede fünfte unserer Körperzellen Teil des Abwehrsystems ist. Jeder Mensch ist also eine Art Biotop, in dem sich vielfältiges Leben in einer erstaunlich großen Artenvielfalt tummelt. Fast 500 verschiedene Arten von Bakterien siedeln allein in unserem Darm. So besteht unser Körper aus Billionen von Zellen, die sich ständig auf- und abbauen; und nur wenn es die Richtigen sind, bleiben wir gesund.

Jede fünfte unserer Körperzellen gehört zum Abwehrsystem, Molke liefert ihnen optimales Baumaterial.

Die Boten der Göttin Flora

Die Göttin Flora hat auch der Darmflora, der Scheidenflora, der Hautflora usw. ihren Namen geliehen. Mit dem Namen dieser Göttin des Frühlings bezeichnet man sowohl alle in einem bestimmten Gebiet vorkommenden Pflanzenarten als auch die Summe aller in einem Bereich unseres Körpers lebenden Kleinstlebewesen.

Ohne die Allgegenwart dieser natürlichen Schutztruppen würde unser Körper in wenigen Stunden dem Tode geweiht sein. So erkennen wir auch, wie wichtig eine innere und äußere Körperpflege mit Stoffen ist, die unseren Untermietern das Leben erleichtern. Molke nimmt hierbei eine Schlüsselstellung ein.

Molke ist ein hilfreicher Freund unserer Bakterienflora.

Intelligente Bakterien helfen uns bei der Verdauung

Vermutlich wird uns die Forschung im Hinblick auf die Leistungsfähigkeit von Bakterien und Kleinstlebewesen immer wieder aufs Neue überraschen. Machen wir uns doch einfach als Beispiel bewusst, dass wir ohne die Vorverdauung durch die Bakterien unseres Darmes bis zu zwei Drittel unserer Nahrung überhaupt nicht verwerten könnten. Bereits heute wissen wir, das Bakterien und andere Kleinstlebewesen in der Lage sind, aus einfachsten Grundstoffen alle Substanzen herzustellen, die sie selbst zum Leben benötigen.

Ohne Darmbakterien müssten wir trotz ausreichender Nahrung verhungern.

Als Ergebnis des bakteriellen Stoffwechsels entstehen jedoch nicht nur für den Transport in Blut- und Lymphbahnen geeignete Eiweiß-, Zucker- und Fettverbindungen, sondern auch Vitamine, Enzyme und Hormone.

Unser Darm als Vitaminfabrik

Sobald Vitamine, Enzyme und Hormone nicht in ausreichender Menge mit der Nahrung in unseren Darm gelangen, helfen sich die Darmbakterien durch Eigenproduktion dieser Stoffe. Wie alle übrigen Stoffwechselprodukte gelangen die von den Bakterien erzeugten Vitalstoffe dann ebenfalls in unsere Blut- und Lymphbahnen. Auf diese Weise leisten sie einen unschätzbaren Beitrag zur Erhaltung unserer Gesundheit.

So kann zum Beispiel das Bakterium »Escherichia coli« wichtige Eiweiße, Vitamine und Enzyme notfalls selbst bilden. Sobald unsere Nahrung diese Stoffe wieder enthält, stellt das Bakterium seine Produktion ein, kann sie aber bei Bedarf sofort wieder selbst übernehmen.

Die Bakterien in unserem Darm bilden Eiweiße, Vitamine, Enzyme und Hormone.

Gesundheitsüberlegenheit entsteht im Darm – so können z. B. viele Tiere mit einer weitaus minderwertigeren Kost als wir Men-

Ein gesunder Darm kann wichtiger sein als gesunde Nahrung.

schen gesund leben. Der Schlüssel dazu liegt in ihrem Darm, denn die dortige Bakterienflora ist einfach leistungsfähiger als die unsere. So können die Darmbakterien unserer Hunde und Katzen unter anderem Vitamin C selbst bilden, während wir auf eine Zufuhr »von außen« durch die tägliche Nahrung angewiesen sind. Aus diesem Grund sind sie uns – was zum Beispiel Erkältungen betrifft – deutlich überlegen.

Unter uns Menschen sind besonders die Balkan- und Steppenvölker zu erwähnen. Durch den traditionell regelmäßigen Verzehr größerer Mengen – täglich über ein Liter – von Joghurt, Kefir und ähnlichen Sauermilcherzeugnissen haben sich diese Völker über die Jahrhunderte eine Darmflora aufgebaut, die Fäulnisbakterien im Darm nicht zulässt. Dabei ist ihre übrige Kost häufig sehr reich an Fleisch, was gerade Fäulnisbakterien im Darm begünstigt. Trotzdem kommen bei diesen Völkern kaum rheumatische Erkrankungen, Arteriosklerose, Schlaganfall und Herzinfarkt vor, während diese typischen Zivilisationserkrankungen bei uns die Freude am Altwerden oft zerstören.

Weil ihre Darmbakterien Vitamin C selbst herstellen können, sind Katzen besser vor Erkältungen gefeit – im Gegensatz zu uns Menschen.

Der in diesem Zusammenhang so gern zitierte Knoblauch wird von den Fäulnisbakterien zwar gefürchtet, doch erst durch die regelmäßige Zufuhr von aktiven Joghurtkulturen wird seine Wirkung stabilisiert.

Bakterienheilkunde, die Medizin der Zukunft

Die Heilkunde mit gezielt ausgewählten Bakterienstämmen steckt, im Hinblick auf ihre zukünftigen Möglichkeiten, sicher noch in den Kinderschuhen. Da sich bei Mensch und Tier bis zu 90 % des Abwehrsystems im Darm befinden, ist die Übertragung von Krankheitsresistenz durch die Darmbewohner von besonders gesunden Personen eine bewährte Möglichkeit, sich vor Krankheiten zu schützen. Typisches Beispiel für eine derartige Therapie ist der Escherichia-coli-Stamm Nissle. Während einer Ruhrepedemie im rumänischen Sumpfgebiet im Jahr 1916 blieb ein einziger Soldat gesund. Der Grund: seine Darmflora war so stabil, dass er nicht angesteckt werden konnte. Züchtungen, die im Labor aus seinen Darmbakterien gewonnen wurden, sind als Medikament erhältlich und haben inzwischen schon vielen Menschen, vor allem bei schweren entzündlichen Erkrankungen des Darmes, zu neuer Gesundheit verholfen.

Die richtige Darmflora kann sogar Schutzimpfungen ersetzen.

Inzwischen gibt es weitere Entwicklungen auf diesem Gebiet. Mehrere Arzneimittelfirmen haben Präparate mit besonders gesundheitsfördernden und durchsetzungsstarken Bakterien gezüchtet. Man spricht von einer sogenannten Symbioselenkung, wenn beispielsweise die Präparate Symbioflor®, Paidoflor®, Mutaflor® oder Omniflora® eingesetzt werden, die aktive Bakterien enthalten. Selbstverständlich gehört eine entsprechende Therapie in die Hand eines erfahrenen Arztes oder Heilpraktikers, vor allem deshalb, weil am Anfang der Therapie eine genaue Analyse der Darmflora stehen muss. Sie sehen also, in wie vielen Fällen der Einsatz von Molke bereits zur Vorbeugung äußerst hilfreich sein kann. Jedoch sollten Sie beachten, dass erst durch eine langfristige und regelmäßige Molkeeinnahme die Darmflora neu aufgebaut und anschließend optimal stabilisiert werden kann.

Die neuen Helfer aus dem Joghurtbecher

Besonders in selbst hergestellten Molkezubereitungen finden wir ausreichende Mengen der neu entdeckten rechtsdrehenden Milchsäurebakterien.

Die neuen Bakterien sind in ihrer günstigen Wirkung auf die Darmflora den üblichen, rechtsdrehenden Milchsäurebakterien vermutlich überlegen. Hinter den für einen Laien seltsam anmutenden Kürzeln wie LC1, LGG, BB 536, BB 12 oder LAS verstecken sich Bakterienstämme – Züchtungen aus besonders widerstandsfähigen Darmbesiedelungen. Ihr Hauptvorteil liegt darin, dass sie weitestgehend resistent gegenüber der Salzsäure des Magens sind, die als notwendige Schutzfunktion vor krank machenden Bakterien für die meisten Bakterienarten eine unüberwindbare Barriere darstellt. Da diese Milchsäurebakterien jedoch erst in unserem Darm ihre positive Wirkung entfalten können, spielt ihre Salzsäureresistenz verständlicherweise eine große Rolle.

Einen nicht hoch genug einzuschätzenden Umgehungsweg der Magensäuren stellt natürlich der Einlauf dar; verständlicherweise hat sich deshalb ein so genanntes Molkebleibeklistier bei den meisten Erkrankungen als sehr hilfreich erwiesen.

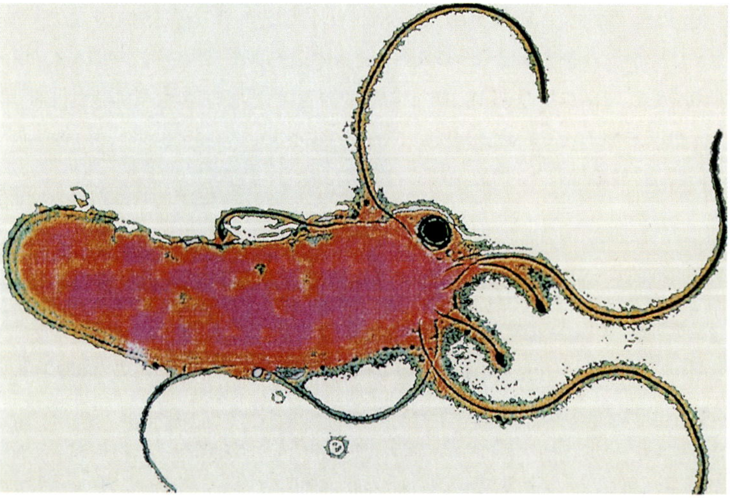

Die Aufnahme zeigt das Bakterium Helicobacter pylori, den Auslöser von Magengeschwüren. Regelmäßiger Genuss probiotischer Milchprodukte kann vor dieser Erkrankung schützen.

Man sollte seine Freunde kennen

Der Grundsatz ist ganz einfach: Wenn die nachfolgend aufgeführten Bakterien sich in unserem Darm wohlfühlen und sich ausbreiten, dann steht für krank machende Kleinstlebewesen kein Lebensraum mehr zur Verfügung!

Die beiden ursprünglichen Joghurtbakterien sind Lactobacillus bulgaricus und Streptococcus thermophilus. Sie wurden bereits im 19. Jahrhundert als medizinisch wirkungsvoll erkannt. Der Lactobacillus bifidus wurde 1899 von Tissier entdeckt. Bifidusbakterien gelten als Leitkeime des Dickdarms. Wenn sie in ausreichender Zahl vorhanden sind, kann man davon ausgehen, dass ausgewogene Verhältnisse im Dickdarm herrschen. Der Lactobacillus acidophilus gehört ganz traditionell zur menschlichen Darmflora. Er ist der Leitkeim im unteren Teil des Dünndarms, dem Ileum. Seiner Schutzaufgabe geht er jedoch auch noch auf der Mundschleimhaut und der Vaginalschleimhaut nach, die ebenfalls von ihm besiedelt werden. Als weitgehend magensäureresistentes Bakterium ist er sogar in der Lage, Helicobacter pylori – dem Verursacher von Magengeschwüren, wie man heute weiß – das Leben schwer zu machen. Auch Candida-Hefen, die ebenfalls die Ursache für vielerlei körperliche Beschwerden sein können, werden von ihm verdrängt. Wo er herrscht, sinken außerdem nachweislich der Cholesterinspiegel sowie das Krebsrisiko.

Jeder Darmabschnitt besitzt seine eigenen Leitkeime. Im unteren Dünndarm ist es Lactobacillus acidophilus, im Dickdarm ist es Lactobacillus bifidus.

Probiotik – auf der Suche nach Gesundheitserregern

In den Laboratorien eines großen Nahrungsmittelkonzerns wurde aus über 3 500 Acidophilus-Arten eine ausgewählt, die den Anforderungen – hohe Widerstandsfähigkeit, Langlebigkeit und gute Darmhaftung – am besten entsprach. Sie bekam den Namen LC1.

Hohe Widerstandskraft gegen Salzsäure, Langlebigkeit, gute Darmhaftung und hohe Produktion rechtsdrehender Milchsäure sind die Kriterien, nach denen ein gutes Darmbakterium beurteilt wird.

Dieser Acidophilusstamm ist unter den vielen anderen das Superbakterium schlechthin. Mit ihm produzierter Joghurt ist besonders haltbar und enthält auch bei längerer Lagerung noch große Mengen der heilsamen Bakterien. Zudem ist er bei der Vergärung von Milchzucker zu Milchsäure ein schnellerer Arbeiter, als die beiden ursprünglichen Joghurtbakterien Lactobacillus bulgaricus und Streptococcus thermophilus. Auch schmeckt der von LC1 produzierte Joghurt vielen Menschen einfach besser.

Ein weiterer wichtiger Helfer in unserem Darm ist Lactobacillus casei, den wir gemeinsam mit Streptococcus thermophilus in vie-

Löffel für Löffel Gesundheit, die schmeckt – im Joghurt zugegeben, schützen spezielle Bakterienzüchtungen unsere Darmflora optimal.

len probiotischen Joghurts finden. Beide Arten bauen Kuhmilch im Darm derart gründlich ab, dass Kuhmilchallergien weitestgehend vermieden werden.

Die richtigen Darmbakterien entlasten unseren Körper auch bei der Verdauung an sich schwer verdaulicher Stoffe wie Milch und Käse.

Wird Magermilch mit Molke aufgewertet, so finden die Joghurt- und Kefirkulturen einen idealen Nährboden. Es entwickelt sich ein besonders wirkungsvolles und schmackhaftes Getränk. Unsere Rezepte für den leicht selbst herzustellenden probiotischen Molkefrischkäse, Molkejoghurt oder Molkekefir werden auch für Ihre Darmflora einen Gesundheitsschub bewirken. Gleichzeitig haben Sie die Möglichkeit, die Molke in verschiedenen Variationen genießen zu können.

Der Kefirpilz ist ebenfalls in der Lage, aus Kuhmilch ein leicht verdauliches Milchgetränk zu machen. Als eine Symbiose von Hefen und Milchsäurebakterien kann er B-Vitamine in größeren Mengen produzieren. Seine antibiotischen Wirkungen führten dazu, dass er bei Lungenerkrankungen und chronischen Beschwerden der Verdauungsorgane mit Erfolg zum Einsatz kommt. Jedoch auch bei Rachitis, gynäkologischen Erkrankungen, Blutarmut, Herzschwäche und Erschöpfung wird er bereits seit der Mitte des vergangenen Jahrhunderts mit Erfolg verordnet. Die minimal wirksame Tagesdosis beträgt 250 ml, es werden jedoch durchaus täglich Mengen von bis zu 1½ Litern eingesetzt.

Im Molkekefir finden wir besonders viele B-Vitamine.

Molkekefir trägt nicht nur viel zu einer gesünderen und vollwertigen Ernährung bei. Durch seine besonderen Koch- und Backeigenschaften hilft er zudem, weniger bekömmliche Zusätze wie Hefe oder Backpulver einzusparen.

Vielfältige Einsatzbereiche – die Praxis der Molkeanwendungen

Molke kaufen ist eine Sache – Molke selbst herstellen und somit ein Optimum an wertvollen Inhaltsstoffen zu erhalten ist die andere. Wie Sie sehen werden, ist es gar nicht schwer, mit einfachen Zutaten Molke auf verschiedene, aber immer wohlschmeckende Arten herzustellen – die idealen Ausgangsformen für unsere Molke-Trinkkur. Dass man Molke jedoch nicht nur trinken kann, sondern dem gesundheitsbewussten Anwender darüber hinaus noch viele weitere Anwendungsmöglichkeiten zur Verfügung stehen, erfahren Sie in diesem Kapitel. Lassen Sie sich überraschen, auf wie viele Arten Molke wirksam ist.

Was man über Molkeanwendungen wissen sollte

Wer Molke als tägliche Nahrungsergänzung nutzt, der versorgt seinen Körper nicht nur mit lebensnotwendigen Eiweißen, Vitaminen, Mineralien, Spurenelementen und weiteren hochwertigen Stoffen. Er stellt vor allem sicher, dass die für uns so lebenswichtige Darmbakterienflora einen gesunden Nährboden erhält.

Die selbst hergestellte Molke enthält besonders viele hochwertige Bakterienkulturen. Jedoch auch Flüssigmolke aus dem Kühlregal oder in Wasser aufgelöstes Molkepulver ist sehr wirkungsvoll.

Seitdem sich die Forschung zunehmend mit dem Geschehen in unserem Darm beschäftigt, steht eines fest: Ohne einen gesunden Darm ist kein gesundes Leben möglich! Ein gesunder Darm vermag sogar noch manche Fehlbelastung des Körpers – beispielsweise durch falsche Ernährung und körperliche oder seelische Überbelastung – für eine gewisse Zeit auszugleichen.

Um die Molke zum Nutzen unserer Gesundheit einzusetzen, haben wir eine Vielzahl von Anwendungsmöglichkeiten. Verwenden Sie dazu die Molke aus Ihrer eigenen Frischkäseherstellung.

So optimieren Sie die Molkewirkung

Wer keinen direkten Zugang zu frischer Molke hat, dem steht die Molke als hitzebehandelte Trinkmolke aus dem Kühlregal oder als Molkepulver zur Verfügung. Für die Hautpflege und als stoffwechselanregendes Bad sind beide Produkte optimal geeignet.

Bei der inneren Einnahme der Molke steht – neben der Versorgung mit wichtigen Eiweißverbindungen, Mineralien und weiteren Vitalstoffen – die Ernährung der Darmflora und die Versorgung mit rechtsdrehenden Milchsäurebakterien im Vordergrund. Darauf wiederum basiert eine Vielzahl günstiger Wirkungen auf fast alle inneren Organe.

Durch die Zugabe von rechtsdrehenden Milchsäurebakterien erwacht auch Molkepulver wieder zu neuem Leben.

Selbst gemacht ist am gesündesten

Für diejenigen, die die verschiedenen Molkeanwendungen zu Hause durchführen möchten, haben wir nach einer Form gesucht, mit der sie ihren Körper sowohl mit den günstigen Molkewirkstoffen als auch mit hohen Keimzahlen der gesund machenden Bakterien versorgen können. Zudem wollten wir die gesundheitsbelastenden Kaseine und Fette, die sich teilweise noch in Joghurt und Kefir befinden, weitestmöglich ausschließen. Dabei haben sich unsere Rezepte, mit denen Sie Molkefrischkäse, -trinkjoghurt und -trinkkefir selbst herstellen können, als sehr wirkungsvoll erwiesen.

Molke und verdünnte Magermilch sind ein idealer Nährboden für die rechtsdrehenden (L+)Milchsäurebakterien, weil Kasein und Fette der Milch ihre Entwicklung nicht hemmen.

Durch den Gerinnungsprozess zur Gewinnung der Käsemasse gerinnen alle schwer verdaulichen Milchbestandteile und werden an die Käsemasse gebunden. Im Molkewasser verbleibt lediglich das sogenannte Molkeeiweiß, auch Globulin-Albumin genannt. Es ist das hochwertigste Eiweiß der Natur und in seinem chemischen Aufbau nahezu identisch mit dem menschlichen Bluteiweiß.

Das erforderliche Zubehör erhalten Sie auf jeden Fall in Apotheken, Reformhäusern und Bioläden sowie in den Hobbythek-Ver-

Selbst gemachter Molkefrischkäse ist besonders schmackhaft, leichter verdaulich als aus Milch hergestellter Frischkäse und zudem frei von Bindemitteln.

Joghurt- und Quarkbereiter sind weiter nichts als Töpfe mit einer genau gesteuerten Temperatur von 40 °C bzw. 30 °C, die in Haushaltswarengeschäften und Elektromärkten für ca. 40 DM angeboten werden.

Probiotischer Joghurt reift am besten bei 40 °C, Frischkäse und Kefir benötigen für den Reifungsprozess nur 30 °C.

kaufsstellen. Wir empfehlen die Verwendung eines Joghurtbereiters, der durch ein Zusatzgerät auch für die Herstellung von Frischkäse und Kefir geeignet ist. Somit sparen Sie sich die Anschaffung eines zweiten Gerätes. Ein Mixbecher eignet sich besonders gut, um das Molkepulver mit den weiteren Zutaten zu vermischen.

Rezept 1: Molkefrischkäse und probiotische Molke

Sie benötigen

- Joghurtbereiter mit Temperaturreduktionszwischenstecker auf 30 °C oder einen Quarkbereiter
- 1 Msp. ProBiDa-Mikroorganismen-Kultur zur Herstellung von probiotischem Frischkäse (oder ein ähnliches Produkt)
- ½ Lab-Tablette
- 4–6 gehäufte TL Molkepulver
- 1 l H-Magermilch, 1,5 % Fett

So wird's gemacht

1. Die ProBiDa-Kulturen und die halbe Lab-Tablette im Behälter des Joghurtbereiters mit etwas Wasser auflösen, das Molkepulver hinzufügen. Das Gefäß mit der Milch auffüllen. Gründlich umrühren, eventuelle Klümpchen mit dem Löffel am Gefäßrand zerdrücken.
2. Nach ca. 20 Stunden hat sich ein besonders schmackhafter und fester Frischkäse gebildet, der auf einer Molkeschicht schwimmt.
3. Ein Sieb mit einem festen Papierküchentuch auslegen. Die Molke darauf legen und abtropfen lassen. Schneller geht's, wenn man die Molke durch ein fein gewebtes Tuch ausdrückt.

Eine bessere und frischere Molke als diese ist nicht denkbar!

Die Menge des Molkepulvers beeinflusst Geschmack und Konsistenz und bleibt Ihnen überlassen. Die Temperatur der Milch spielt keine Rolle; wenn sie sehr kalt ist, braucht das Gerät lediglich etwas länger, um sie auf die erforderlichen 30 °C zu erwärmen.

Die für eine Molkekur erforderliche Menge von 1½ Liter erhalten Sie, wenn Sie der auf diesem Wege gewonnenen Molke – je nach Geschmack – vier bis sechs gehäufte Teelöffel Molkepulver zugeben und mit Wasser auf 1½ Liter auffüllen. Diese probiotisch angereicherte Molke ist im Kühlschrank ca. einen halben Tag haltbar, so dass man sich seine Tagesration auf mehrere Gläser im Stundenabstand verteilen kann. Einziger Nachteil dieser Molke ist, dass sie bei ca. 50 kcal pro Glas (200 ml) nicht so gut sättigend wirkt wie der nachfolgend beschriebene probiotische Molkejoghurt und Molkekefir.

Molkefrischkäse liefert uns die bestmögliche Molke mit hohen Mengen vitaler, rechtsdrehender Milchsäurebakterien.

Für den Fall, dass Sie eine Molkefastenkur machen, sind natürlich kaseinhaltige Produkte, wie der hier gewonnene Frischkäse, tabu. In diesem Fall findet der Frischkäse mit Sicherheit in Ihrer Familie reißenden Absatz, denn er schmeckt bereits ohne jegliche Zutat lecker. Andernfalls kann man ihn im Laufe des Tages als Brotaufstrich, für Salatdressings und Soßen verwenden. Dieser Frisch-

Die Mikroorganismenkulturen sind im wahrsten Sinne des Wortes frostfest. Sie sollten deshalb nicht angebrochene Kulturen im Gefrierfach lagern, um ihre Vitalität möglichst lange zu erhalten.

käse ist auch eine ideale Grundlage für die Quark-Öl-Kur, wie wir sie in unserem gleichnamigen Buch beschrieben haben. Durch die Ergänzung mit Omega-3-Fettsäuren entsteht eine Ernährungsbasis von klinisch bestätigter Heilwirkung.

Wir empfehlen Ihnen ganz bewusst diese Art der Molkezubereitung. Von der Herstellung auf der Basis von Buttermilch raten wir ab, weil Sie hierbei auf die Wirkung der hochaktiven probiotischen Kulturen verzichten müssten. An Stelle der Buttermilch kann man dann ebenso flüssige Molke als Fertigprodukt kaufen.

Keimfreiheit ist eine unabdingbare Voraussetzung

Wenn Sie nicht zumindest pasteurisierte Milch verwenden, behindert die Auseinandersetzung mit den in der Milch natürlich enthaltenen Bakterien die Entfaltung der probiotischen Bakterien.

Nach dem Abtopfen wird der Molkefrischkäse einfach abgehoben.

Rohmilch oder Vorzugsmilch müssen folglich vor der Verwendung abgekocht werden. Dies bedeutet jedoch keine Wertminderung, denn was die Hitze zerstört hat, bauen die probiotischen Bakterien innerhalb weniger Stunden wieder auf – zudem in einer für unser Verdauungssystem weitaus besser geeigneten Qualität.

Keimfreie Gerätschaften verhindern, dass unsere guten Bakterien von anderen, weniger wertvollen bei ihrer Arbeit behindert werden.

Alle Gerätschaften müssen vor dem nächsten Ansatz mit heißem Wasser peinlichst sauber gereinigt werden. Verwenden Sie dazu Spülmittel, achten Sie darauf, die einzelnen Teile besonders gründlich mit klarem Wasser nachzuspülen. Wir wollen auf jeden Fall verhindern, dass sich weniger wirkungsvolle Kulturen in den Gerätschaften halten und die probiotischen Kulturen bei ihrer Arbeit behindern.

Der Kostenaufwand für die Bakterienkultur ist wirklich minimal.

Wenn man Joghurt- oder Kefirkulturen immer wieder verwendet, besteht keine Gewähr für die gewünschten hohen Bakterienzahlen und die entsprechende biologische Qualität der Kultur. Es empfiehlt sich deshalb, bei jedem neuen Ansatz eine Messerspitze der in den Rezepten vorgeschlagenen hochaktiven Kulturen zuzugeben. Sie sind im Hinblick auf ihre Keimzahl und Reinheit genau kontrolliert.

Rezept 2: Molketrinkjoghurt

Molke ermöglicht es uns, fettarme Magermilchsorten so aufzuwerten, dass ein besonders leicht verdauliches probiotisches Joghurt- und Kefirgetränk mit großen Mengen an gesundheitsfördernden Bakterien und Vitalstoffen entsteht. Vor allem ist dieses Getränk nahezu frei von allen belastenden Stoffen der Milch. Ein deutlicher Vorteil gegenüber Joghurt und Kefir, der aus unverdünnter Milch hergestellt wurde. Die emsige Tätigkeit der Joghurt- und Kefirkulturen wertet die Molke zusätzlich um Vitamine und Enzyme auf, die in dieser Qualität zuvor weder in der Milch noch in der Molke zu finden waren.

Unser Molketrinkjoghurt enthält besonders viele und aktive Joghurtkulturen. Gegenüber normalem Joghurt ist er nahezu frei von Kasein und Fett. Nach zehn bis zwölf Stunden ist er am vitalsten.

Sie benötigen

- Joghurtbereiter
- 1 Msp. LaBiDa-Mikroorganismen-Kultur zur Herstellung von probiotischem Joghurt (oder ein ähnliches Produkt)
- 0,8 l abgekochtes Wasser
- 4–6 gehäufte TL Molkepulver
- 0,2 l H-Magermilch, 1,5 % Fett

So wird's gemacht

1. Die LaBiDa-Kulturen im Behälter des Joghurtbereiters mit etwas Wasser auflösen, das Molkepulver hinzugeben. Mit der Milch und dem Wasser auffüllen. Gründlich umrühren, eventuelle Klümpchen mit dem Löffel am Gefäßrand zerdrücken.
2. Nach ca. 10 Stunden ist ein Joghurt entstanden, der auf einer Molkeschicht schwimmt. Wenn Sie diesen nun mit der Molke-Flüssigkeit verrühren, erhalten Sie ein angenehm schmeckendes Joghurtgetränk mit besonders aktiven probiotischen Kulturen. Sein geringer Milchanteil wurde von den Bakterien so weit verarbeitet, dass milchallergische Reaktionen nur noch in seltenen Fällen auftreten.

Dieser probiotische Molketrinkjoghurt ist über mindestens einen Tag ohne Geschmacksbeeinträchtigung haltbar und deshalb gut für eine wirkungsvolle Molkekur geeignet. Die erforderliche Tagesdosis von ca. 1½ l erhalten Sie durch zweimaliges Ansetzen im Joghurtbereiter, zum Beispiel morgens und abends. Der Kaloriengehalt dieses sättigenden Drinks liegt dabei pro Glas (200 ml) unter 50 kcal!

Rezept 3: Molketrinkkefir

Kefir braucht eine Temperatur zwischen 25 und 30 °C, um seine volle Vitalität zu entfalten.

Auch der Kefirpilz, eine Symbiose aus Joghurt- und Hefekulturen, liebt Molke als Grundnahrungsmittel. Er produziert besonders viele Vitalstoffe, darunter auch die wichtigen B-Vitamine, in größeren Mengen. Seine antibiotische Wirkung hilft nicht nur bei Beschwerden im Verdauungstrakt, sondern auch bei Atemwegserkrankungen und Blutarmut. Nicht zuletzt bekommt die Darmflora durch seine Mikroorganismen eine sinnvolle Ergänzung.

Sie benötigen

- Joghurtbereiter mit Temperaturreduktionszwischenstecker auf 30 °C
- 1 Msp. KeFiDa-Mikroorganismen-Kultur zur Herstellung von probiotischem Kefir (oder ein ähnliches Produkt)
- 0,8 l abgekochtes Wasser
- 4–6 gehäufte TL Molke
- 0,2 l H-Magermilch, 1,5 % Fett

Kefir wird nicht ohne Grund als das »Getränk der Hundertjährigen« bezeichnet.

So wird's gemacht

1. Die probiotischen KeFiDa-Kulturen im Behälter des Joghurtbereiters mit etwas Wasser auflösen, das Molkepulver hinzugeben. Das Gefäß mit der Milch und dem restlichen Wasser auffüllen. Gründlich umrühren, eventuelle Klümpchen mit dem Löffel am Gefäßrand zerdrücken.
2. Nach ca. 10 Stunden ist eine Kefirmilch entstanden, die auf einer Molkeschicht schwimmt. Durch Umrühren entsteht ein angenehm schmeckendes Molkekefirgetränk mit besonders aktiven probiotischen Kulturen. Sein geringer Milchanteil wurde von den Bakterien so weit verarbeitet, dass milchallergische Reaktionen nur in seltenen Fällen auftreten.

Molketrinkkefir – ein sättigender Drink, der pro 100 ml weniger als 25 kcal liefert.

Dieser probiotische Molkekefir ist über mindestens einen Tag ohne Geschmacksbeeinträchtigung haltbar und deshalb ein besonders bequemer Weg für eine wirkungsvolle Molkekur. Die erforderliche Tagesdosis von ca. 1½ l erhalten Sie durch zweimaliges Ansetzen im Joghurtbereiter, zum Beispiel morgens und abends.

Molke kaufen – die schnellste Alternative

1998 untersuchte die Stiftung Warentest probiotische Drinks und stellte fest, dass die Zahl der probiotischen Bakterien zum Ende der Mindesthaltbarkeitszeit deutlich abgenommen hatte. Es empfiehlt sich daher auch bei Molkeprodukten mit probiotischen Kulturen auf eine noch möglichst lange Haltbarkeitszeit zu achten. Flüssige Molke bekommen Sie heute bereits im Kühlregal des Supermarkts. Wie bereits zuvor erwähnt: Selbst nach der unumgänglichen Erhitzung zugegebene probiotische Kulturen fühlen sich in dieser Molke nicht besonders wohl.

Nicht immer ist das, was auf den Molkeprodukten drauf steht, auch noch drin.

Anders ist es beim Molkepulver, dem gefriergetrocknete probiotische Kulturen zugegeben wurden. Genauere Angaben zu der Haltbarkeit probiotischer Kulturen im Molkepulver liegen nach unserem Wissen bislang noch nicht vor. Es ist jedoch davon auszugehen, dass sich die probiotischen Kulturen im Pulver besser halten als in dem flüssigen Produkt.

Molkevariationen

Flüssigmolke und Molkepulver kommen heute ausschließlich aus modernsten Molkereianlagen, gravierende Qualitätsunterschiede sind deshalb bei den unterschiedlichen Herstellern nicht zu erwarten. Inzwischen gibt es auch Molkeprodukte von Biomolkereien, also aus kontrolliert biologischer Produktion. Wir sollten sie nicht nur wegen unserer Gesundheit bevorzugen, sondern auch der Natur und der artgerechten Tierhaltung wegen. Bei manchen Molken wurde der Eiweißanteil erhöht, was für Fastende oder bei einer speziellen Diät eine Hilfe sein kann. Geschmacksstoffe, die leider zumeist künstlicher Natur sind, machen die Molke inzwischen auch für jene interessant, denen der Geschmack der Naturmolke nicht so richtig zusagt.

Die einfachste und bequemste Möglichkeit, sich die Heilwirkung der Molke zu Nutze zu machen, sind Molkekonzentrate. Durch ihre hohe Wirkstoffkonzentration wirken sie besonders intensiv bei Infektionen im Haut- und Schleimhautbereich. Man kann die Konzentrate jedoch auch zu einem Molkegetränk verdünnen und erfolgreich einsetzen.

Flüssigmolke, Molkepulver und Molkekonzentrat stehen uns für eine Molkekur zur Verfügung.

Die Molke-Trinkkur

Zur Stabilisierung Ihrer Gesundheit sollten Sie täglich ca. 1 l Molke über den Tag verteilt trinken – am besten zwischen den Mahlzeiten. Besonders günstig sind natürlich die in diesem Buch genannten Molkedrinks, denn sie sind durch jene Vitalstoffe ergänzt, die in der Molke nicht in ausreichender Menge enthalten sind.

Besonders Diabetiker sollten ihre Molkerationen gleichmäßig über den Tag verteilen.

Während die Molkeinhaltsstoffe für einen Fastenden über Wochen die ideale Alleinnahrung darstellen können, braucht der körperlich und geistig angestrengt Arbeitende noch zusätzliche Vitalstoffe, wie sie in unseren Molkedrinks in idealer Zusammensetzung vorkommen. Beachten Sie aber bitte, dass alle Fastenkuren immer von Ihrem Arzt begleitet werden sollten, der den Verlauf der Kur und Ihren Gesundheitszustand regelmäßig überwacht! Diabetiker sollten Molke so über den Tag verteilt trinken, dass ihr Zuckerspiegel dadurch keine Belastung erfährt. Durch den niedrigen Kaloriengehalt der Molke stellt dies keine Schwierigkeit dar.

Kranke und Fastende brauchen bis zu 2 l Molke täglich. Sie sollten sich jedoch im Hinblick auf Einnahmemengen und Einnahmezeiten von einem molkeerfahrenen Behandler betreuen lassen. Auch hier gilt der Grundsatz: keine Selbstbehandlung, sondern regelmäßige Kontrolle durch den Arzt!

Einreibungen mit Molke

Molkeeinreibungen stärken die Bakterienflora der Haut.

Ganzkörpereinreibungen mit flüssiger Molke wendet man idealerweise morgens nach dem Duschen oder abends vor dem Schlafengehen an. Eine vorangehende Körperbürstung begünstigt die Aufnahme der Molkewirkstoffe. Sie können die Molke auch mit kleinen kreisenden Bewegungen einmassieren. Die Molke wird nicht wieder abgewaschen, sie bleibt tagsüber oder auch über Nacht auf der Haut. So schützt sie die Haut vor negativen Umwelteinflüssen und versorgt sie zugleich mit wichtigen Nährstoffen.

Einläufe mit dem Molke-Bleibeklistier

Der Einlauf mit Molke ist eine der wirkungsvollsten Molkeanwendungen.

Das Molke-Bleibeklistier erfolgt mit einem Gummiball oder einem Klyso aus der Apotheke. Damit der Darm genügend Zeit hat, um die Molkewirkstoffe aufzunehmen, hat sich eine Einlaufform mit

Wer regelmäßig Milch trinkt, lebt gesund. Mit der Molke-Trinkkur bekommt der Körper noch eine Extraportion Gesundheit.

geringeren Flüssigkeitsmengen bewährt, bei der die Molke möglichst lange im Darm verbleiben sollte.

Erwachsene benötigen ca. 100 bis 200 ml Molke, die langsam in den Darm eingeführt werden. Legen Sie sich mit dem Molke-Bleibeklistier nacheinander möglichst jeweils für etwa zehn Minuten auf die linke Seite, auf den Bauch, den Rücken und abschließend auf die rechte Seite. Danach gehen Sie zur Toilette. Bis zu zwei Anwendungen wöchentlich sind üblich.

Um das Einlaufgerät nicht zu verstopfen, sollten Sie die Molke durch einen Kaffeefilter laufen lassen, bevor Sie sie in das Gerät füllen.

Das Molke-Bleibeklistier ist der sicherste Weg, um die günstigen Darmbakterien, unbeschadet durch die Magensäure, im Darm anzusiedeln. Besonders während Fastenkuren und bei Verstopfung oder Durchfall stellt es eine unverzichtbare Hilfe dar.

Langzeitmundspülung mit Molke

Die Langzeitmundspülung ist mit dem bekannten Ölziehen vergleichbar. Es geht hierbei darum, die Flüssigkeit möglichst lange – in der Regel sind es ca. drei bis fünf Minuten – im Mund zu behalten, damit die in ihr enthaltenen Wirkstoffe bereits über die Mundschleimhaut aufgenommen werden. Die Molke kann so besonders intensiv auf die Mundschleimhäute und den Rachenraum einwirken. Mit Hilfe ätherischer Öle kann die Molkewirkung verstärkt werden, denn sie emulgieren sehr gut in der Molke. (Näheres dazu finden Sie auch in unserem Buch »So heilen Teebaumöle«, Midena Verlag).

Die Molkeschwitzpackung reguliert die Abwehrkräfte und pflegt die Haut.

Schwitzpackung mit Molke

Die Schwitzpackung oder der Spanische Mantel mit Molke hat sich besonders zur Gewichtsreduzierung und zur Unterstützung bei einer Entschlackungskur bewährt. Der Ganzkörperwickel wird in den Frühstadien akuter Infekte, zur Desensibilisierung bei Allergi-

Richtig gewickelt mit Molke

Die Wirkung der Molkewickel ist derart intensiv, dass auf die Zugabe weiterer Wirkstoffe verzichtet werden kann.

Bei Fieber als Wadenwickel, bei Atembeschwerden als Brustwickel, bei Halsschmerzen als Halswickel, bei Gelenk- und Schleimbeutelentzündungen als örtlicher Wickel, ebenso wie bei Hautproblemen aller Art und zur Hautpflege ist der Molkewickel bestens geeignet. Molkewickel sind auch eine wirksame Hilfe bei örtlichen Durchblutungsstörungen, Entzündungen und Fieber. Im Brustraum wirken sie zudem schleimlösend und hustenlindernd, im Bauchraum regen sie die Funktion der Verdauungsdrüsen an und harmonisieren so die Verdauungsvorgänge.

kern, bei Rheumatikern und zur Aktivierung alter Infektionskrankheiten angewandt.

Der so genannte Spanische Mantel ist der einzige in diesem Buch beschriebene schweißtreibende Wickel. Er wird kalt und nur bei schwachen Kindern oder Erwachsenen warm angelegt. Vor dem Anlegen des »Mantels« muss erst warm (10 bis 20 Minuten bei 35 bis 38 °C) gebadet werden. Geben Sie dem Badewasser 12 EL Molkepulver oder wahlweise 3 l flüssige Molke zu.

Anschließend wird die Person ganz in ein kaltnasses Tuch eingewickelt und gut zugedeckt. Dafür wurde das Tuch bereits zu Anfang des Bades in das Molkewasser getaucht und ausgewrungen. In einen Plastikbeutel gelegt wartet es dann im Kühlschrank oder Gefrierfach auf seinen Einsatz. Statt des Tuches können auch enge, lange Unterhosen und ein langärmeliges Unterhemd angezogen werden (kaltnass, wie das Tuch). Die Kleidungsstücke müssen jedoch eng sein, damit sie möglichst faltenfrei anliegen.

Molke wirkt auf der Haut basisch, sodass Giftstoffe und Säuren vermehrt über die Haut ausgeschieden werden. Dadurch kann es sogar zu Hautreizungen kommen. Es empfehlt sich deshalb, zwischen den Molkeanwendungen die Haut mit klarem Wasser zu reinigen.

Vorbeugen und Heilen mit Molke, ergänzenden Heilpflanzen und Heilwässern

Bereits die Ärzte der Antike nutzten die Möglichkeit, die Molke durch frische Kräuter in ihrer Wirkung zu ergänzen und zu optimieren. Wir wollen mit unseren Empfehlungen diese Tradition fortsetzen. Pflanzensäfte haben oft einen intensiven Geschmack, sodass die Einnahme, verdünnt mit der Molke, unangenehme Geschmacksnuancen zu neutralisieren vermag.

Bereits die Ärzte der Antike nutzten die Heilwirkung der Molke, die sie mit frischen Kräutern ergänzt hatten.

Pflanzensäfte stellen eine besonders naturnahe und schonende Möglichkeit dar, die Kräfte der Heilpflanzen aufzunehmen. Es sind reine Presssäfte aus Frischpflanzen, ohne jegliche Zusätze von Konservierungs- und Hilfsmitteln. Pflanzensäfte enthalten in großer Vielfalt die von der Pflanze gebildeten Stoffe, wie Mineralien, Vitamine und dazu die speziellen Wirkstoffe der einzelnen Heilpflanze.

Natur pur – Säfte aus frisch gepressten Heilpflanzen kommen in ihrer Wirkung den frischen Pflanzen sehr nahe und sind weitaus wirkungsvoller als Tees.

Verantwortungsbewusste Herstellung – für unsere Gesundheit

Hochwertige Pflanzensäfte enthalten keine Zusätze, wie Alkohol, Konservierungsmittel, Farb- oder Aromastoffe.

Einheimische Landwirte, die sich seit Generationen mit Heilkräutern beschäftigen, erzeugen in aufwändiger Arbeit die Pflanzensäfte. Nach der Ernte werden die frischen Pflanzen vorgereinigt und am selben Tag zur Weiterverarbeitung gebracht. Nach nochmaligem, sorgfältigem Waschen werden die Pflanzen zerkleinert, gepresst und der Saft in Flaschen abgefüllt. Zusätze wie Alkohol, Konservierungsmittel, Farb- und Aromastoffe finden keine Verwendung, so dass man sicher gehen kann, nur das Beste aus den Pflanzen zu erhalten.

Nach zwei Monaten hat sich der Körper an die Wirkstoffe eines Pflanzensaftes gewöhnt: es wird Zeit zu wechseln.

Bei der Frage nach der Einnahmemenge und -dauer hat es sich herausgestellt, dass die Pflanzensäfte im Allgemeinen kurmäßig über einen Zeitraum von ein bis zwei Monaten eingenommen werden sollten, um die gewünschten Effekte zu erzielen. Dies entspricht auch dem Zeitraum, in dem die Molkekur mit täglich ca. $1\frac{1}{2}$ l Molke ihre Wirkung voll entfaltet.

Vor der Einnahme ist dic Flasche gut zu schütteln, um die pflanzlichen Bestandteile zu vermischen. Nach jedem Gebrauch wird die Flasche gut verschlossen im Kühlschrank aufbewahrt. Alkoholfreie Pflanzensäfte sind so nach Anbruch etwa eine Woche haltbar. Originalverschlossen sind die Pflanzensäfte zwar mehrere Jahre haltbar, sie sollten jedoch nach der neuen Ernte durch frische ersetzt werden. Achten Sie auf ein möglichst weit voraus liegendes Verfallsdatum, denn je frischer der Saft, desto wirksamer ist er und desto größer sind die Mengen wertvoller Inhaltsstoffe.

Kräuteressig

Eine den Pflanzensäften vergleichbare Wirkung erzielen Sie auch mit frischen oder ersatzweise getrockneten Heilkräutern, die in Obstessig angesetzt werden.

Für eine Flasche Apfel- oder Weinessig von ca. 0,7 bis 1 l Inhalt rechnet man ca. 60 g Trockenkräuter oder 150 g frische Kräuter.

Die Anwendung ist denkbar einfach: Mischen Sie die gehackten Kräuter mit dem Essig in einer dunklen, wiederverschließbaren Flasche und lassen Sie diese drei Wochen bei Zimmertemperatur stehen. Der Ansatz sollte täglich geschüttelt werden. Danach filtern Sie den Essig durch einen Kaffeefilter und füllen ihn wiederum in eine dunkle Flasche, die Sie kühl und dunkel aufbewahren. Geben Sie nun dreimal täglich einen Teelöffel des Heilessigs in Ihren

Gesund mit »Pflanzenblut«

»Ich kann nicht genug betonen, wie vorteilhaft für den ganzen Organismus so eine Kur von Kräutersäften ist und das Pflanzenblut, die Säfte der Kräuter, ist unserer Natur sehr zuträglich. Es gibt nichts besseres als den Saft aus Kräutern«.

Sebastian Kneipp

Stellen Sie sich Ihren individuellen Heilessig her, der speziell auf Ihre Beschwerden abgestimmt ist.

Molkedrink. Näheres zu diesem Thema finden Sie in unseren Büchern »Die Essig Hausapotheke« und »Schlank nach Wunsch mit Apfelessig«, beide sind erschienen im Weltbild Verlag.

Die wichtigsten Pflanzensäfte

Wenn Sie die Pflanzensäfte einnehmen, genügt dreimal täglich ein Teelöffel bis ein Esslöffel. Dabei können Sie ihn je nach Geschmack gleich in Ihre Trinkmolke geben oder auch direkt vor oder nach der Molke einnehmen.

Pflanzensäfte und in etwas geringerem Maße auch Pflanzendragees sind dem Tee vorzuziehen, weil viele Wirkstoffe durch das Überbrühen Schaden leiden oder sogar zerstört werden.

Erfahrungsgemäß ist es nicht erforderlich, mehrere Pflanzensäfte zu mischen. Jeder einzelne Pflanzensaft ist für sich bereits sehr wirkungsvoll, wenn Sie drei bis sechs Wochen Geduld aufbringen. Dann sind im Regelfall die ersten Wirkungen zu verspüren, die sehr deutlich sein können. Nach sechs bis acht Wochen sollten Sie zu einem anderen Pflanzensaft wechseln, falls Ihr gesundheitliches Problem noch nicht überwunden ist.

Eine kontinuierliche Einnahme von Pflanzensäften zur Vorbeugung und Stabilisation der Gesundheit hat sich bewährt. Dabei entscheidet nicht die Menge, sondern die Qualität der Inhaltsstoffe über die Wirkung. Darüber hinaus enthalten diese Pflanzensäfte durch die Pressung die konzentrierte Menge an den gesundheitsfördernden Inhaltsstoffen. Achten Sie deshalb auch darauf, wo Sie die Ware kaufen, und bevorzugen Sie biologisch angebaute Produkte – z. B. Säfte nach Apotheker Schoenenberger.

Die Information, welche Pflanzensäfte für Ihre gesundheitlichen Beschwerden in Frage kommen, finden Sie als Therapievorschlag bei unserer Beschreibung der einzelnen Krankheitsbilder wieder (ab Seite 62). Die Pflanzensäfte sind erhältlich in Apotheken, Reformhäusern, Drogerien und Naturkostläden. Einige können Sie auch problemlos im Entsafter selbst herstellen. Folgende Pflanzensäfte haben sich bei der Behandlung von Krankheiten bewährt:

Die meisten Pflanzensäfte können Sie sich mit einem normalen Entsafter selbst herstellen. Sie sind jedoch nicht wirkungsvoller und bergen Risiken wegen möglicher Verkeimungsgefahr. Bei fertigen Pflanzensäften (z. B. Schoenenberger) ist der Wirkstoffgehalt kontrolliert.

Die wirksamsten Pflanzensäfte

- Artischocken-Pflanzensaft
- Birkenblätter-Pflanzensaft
- Brennnessel-Pflanzensaft
- Brunnenkresse-Pflanzensaft
- Huflattich-Pflanzensaft
- Johanniskraut-Pflanzensaft
- Kartoffelsaft
- Knoblauch-Pflanzensaft
- Löwenzahn-Pflanzensaft
- Melisse-Pflanzensaft
- Meerrettich-Pflanzensaft
- Mistel-Pflanzensaft
- Sonnenhut-Pflanzensaft
- Petersilien-Pflanzensaft
- Rettich-Pflanzensaft
- Rosmarin-Pflanzensaft
- Acerolasaft mit Vitamin C
- Sauerkrautsaft
- Schafgarbe-Pflanzensaft
- Sellerie-Pflanzensaft
- Spitzwegerich-Pflanzensaft
- Thymian-Pflanzensaft
- Wacholderbeer-Pflanzensaft
- Weißdorn-Pflanzensaft
- Weißkohlsaft
- Zinnkraut-Pflanzensaft

Pflanzensäfte richtig anwenden

Molke, Pflanzensäfte und Heilwässer – ein unschlagbares Trio für Ihre Gesundheit!

Beginnen Sie möglichst immer mit dem ersten vorgeschlagenen Pflanzen-, Frucht- oder Gemüsesaft unseres Therapievorschlages. Sollten irgendwelche Unverträglichkeiten auftreten, so können Sie die Einnahmemenge entweder auf einen halben Teelöffel verringern oder den nächstfolgenden Pflanzensaft versuchen. Generell empfiehlt es sich jedoch in derartigen Fällen, einen in der Pflanzenheilkunde erfahrenen Arzt oder Heilpraktiker zu Rate zu ziehen.

Mit Heilwasser die Wirkung der Molke unterstützen

Das Wiederaufleben der Molkekuren im 19. Jahrhundert hing auch mit der Erfahrung vieler Kurärzte zusammen, die herausfanden, dass Molke in der Lage ist, die Aufnahme der Mineralien aus den Heilwässern zu begünstigen. Das liegt daran, dass die Bakterien-

Molke und Heilwasser – die Menge macht's

Meist werden 1½ l Mineralwasser und 1½ l Molke als ideale Tagesdosis verordnet. Wem diese 3 l Flüssigkeit zu viel sind, der kann einen Teil seiner täglichen 100–125 g Molkepulver (entspricht ca. 10–12 gehäuften Teelöffeln) auch direkt in das Heilbrunnenwasser geben.

Bei Zugabe der Molke zu den Wannenbädern mit Mineralheilwässern erweist sich die günstige hautpflegende Komponente der Molke als eine ideale Wirkungsergänzung (Nehmen Sie 12 gehäufte Esslöffel Molkepulver für eine normale Wanne und 25 gehäufte Esslöffel für ein medizinisches Wannenbad).

Gesundes Heilwasser aus natürlichen Quellen – wer es in Kombination mit Molke trinkt, kann die Vitalstoffe noch besser aufnehmen.

flora des durch die Molke gekräftigten Darms die Mineralien besonders gut aufzuschließen vermag. Die Mineralien der Heilwässer ergänzen das bereits günstige Mineralspektrum der Molke optimal. Molkepulver bietet uns die hervorragende Möglichkeit, ein Mineralwasser damit zu ergänzen. Wem es nicht zu viel Flüssigkeit ist, der kann auch, wie früher in den Heilbädern, morgens Molke und nachmittags Heilwasser trinken. Dies war damals nicht anders möglich, weil die Molke nur morgens wirklich frisch war.

Die Kombination von Molke, Heilwässern und Frischpflanzensäften ist eine seit Jahrhunderten bewährte Heilanwendung.

Durch die heutzutage jederzeit verfügbare haltbare Flüssigmolke und das problemlos lagerbare Molkepulver können Sie jedoch selbst entscheiden, wann und wie viel der heilsamen Flüssigkeiten Sie zu sich nehmen.

Die Molke-Trinkkur – so wird's gemacht

Molke ist ein idealer Fastendrink, denn sie enthält alle Vitalstoffe, die der Körper braucht.

Die Molke ist bei fast allen Krankheiten als unterstützende Begleittherapie angezeigt. Dies verdankt sie ihrer optimalen Zusammensetzung aus wichtigen Vitaminen und Mineralstoffen. Sie ist eine hervorragende Nahrung für die gesunde Darmflora. Aus diesem Grund kann auch mit Molke gefastet werden, ohne dass Mangelerscheinungen auftreten. Als wertvolles Getränk erhält sie unsere Gesundheit und beugt Krankheiten vor, wobei ihre Wirkung durch die Zugabe von Pflanzensäften (empfehlenswert sind Säfte des Hauses Schoenenberger) und Heilwässern noch verstärkt wird.

Bevor Sie mit der Molkekur beginnen

Vor Beginn einer Molke-Trinkkur sollten Sie auf jeden Fall immer Ihren Arzt aufsuchen, um eventuell bestehende Infektionen oder andere Erkrankungen auszuschließen. Milchallergiker und Diabetiker sollten darüber hinaus den Arzt befragen und gegebenenfalls den Blutzuckerwert neu einstellen lassen.

Grundrezept für die Molke-Trinkkur

Wenn Sie eine Molke-Trinkkur durchführen wollen, benötigen Sie als Tagesration 1½ l frische Molke. Wahlweise können Sie auch 1½ l Wasser mit 12 gehäuften Teelöffeln Molkepulver verrühren.

Als Faustregel gilt: Molke zu trinken soll Ihnen auch über einen längeren Zeitraum schmecken – um die gewünschten Erfolge erzielen zu können. Deshalb rühren Sie so viel oder wenig Molkepulver in das Wasser, wie es Ihrem persönlichen Geschmack entspricht. Mit etwas Übung finden Sie bald Ihre individuelle »Ration«.

Mit Unterstützung der Molke gelingt es den Darmbakterien besonders leicht, die Mineralien der Heilwässer für unseren Körper aufzuschließen.

Nutzen Sie bei Ihrer Molke-Trinkkur zudem die Kraft der gesunden Heilwässer. Denn in Verbindung mit Molke werden die im Heilwasser enthaltenen Mineralien besser aufgenommen. Deshalb empfehlen wir Ihnen, das Wasser dieser Heilbrunnen zusätzlich zu trinken oder das Molkepulver direkt in einem Heilwasser Ihrer Wahl aufzulösen. Machen Sie auf jeden Fall eine Geschmacksprobe, ob die jeweilige Mischung schmeckt.

Die Kombi-Trinkkur: Molke und mehr

In Sachen guter Geschmack plus hervorragende Wirkung können Sie nichts falsch machen, wenn Sie auf bewährte Produkte aus der Apotheke und dem Reformhaus zurückgreifen. Zu empfehlen ist die Molkekur in Verbindung mit Pflanzensäften oder Kräutertees, so z. B. der Kräuter-Haustee von Schoenenberger. Als Pflanzensäfte bieten sich bevorzugt Brennnessel-, Löwenzahn-, Artischocken- und Weißdornsäfte an, wie sie schon in den 20er Jahren von dem Apotheker Walther Schoenenberger als Frischpflanzensäfte hergestellt wurden. Diese Säfte werden auch heute unverändert nach Schoenenbergers Methode produziert und unter seinem Namen in Reformhaus, Drogerie und Apotheke angeboten.

Brennnesselsaft oder Kräutertee für eine wirkungsvolle Kombi-Kur.

Wegen der hohen Wirkstoffkonzentration benötigt man nur 80 Milliliter eines solchen Saftes täglich, verteilt über den Tag und teelöffelweise einem Molkeprodukt (z. B. Molkosan, Seramo Bio-Molke-Trinkkur von Biokosma oder Raab Süßmolke) beigegeben: Die Säfte machen aus einer Molkekur ein Naturheilverfahren, das intensive Ernährungstherapie mit Phytotherapie kombiniert.

Heilwasser zur Unterstützung der Molkewirkung

Anwendungsbereich	Wählen Sie ein Heilwasser mit folgenden Hauptinhaltsstoffen	Wirkung
Abwehrschwäche	Natrium, Chlorid, Kohlensäure	Immunstimulanz durch Baden im Thermalbad
Adipositas (Übergewicht)	Sulfat	trinken und baden
Allergien, Milchallergie	Kalzium	dämpft Allergiebereitschaft
Aphthen	Kalzium	stabilisiert Schleimhäute im Mundbereich
Arteriosklerose und Bluthochdruck	Hydrogenkarbonat, Magnesium, Kalzium	Gleicht den Wasser- und Elektrolythaushalt aus, senkt den Blutdruck
Arthritis und Arthrose	Kalzium, Hydrogenkarbonat	Ausgleich von Kalziumverlust, entzündungswidrig
Atemwegserkrankungen	Natrium, Chlorid, Kalzium	Immunstimulanz durch Baden im Thermalbad
Blasenentzündungen	Hydrogenkarbonat, Magnesium, Kalzium, Kohlensäure	entzündungshemmend, regt die Durchspülung an
Blutarmut (Anämie)	Eisen	gleicht den Eisenmangel aus
Darmentzündungen	Hydrogenkarbonat	entzündungswidrig
Darmträgheit und Verstopfung	Magnesium, Kalzium, Sulfat, Hydrogenkarbonat	Verflüssigung des Darminhalts, Anregung der Darmbewegung
Durchfallerkrankungen	Hydrogenkarbonat	entzündungswidrig
Entgiftung, Entschlackung und Leberschonung	Sulfat	stimuliert die Leber/Gallesekretion

Anwendungsbereich	Wählen Sie ein Heilwasser mit folgenden Hauptinhaltsstoffen	Wirkung
Erschöpfung	Hydrogenkarbonat, Magnesium, Kalzium	entschlackend
Gicht	Hydrogenkarbonat	entzündungswidrig
Harnsteinleiden/ Entzündungen	Hydrogenkarbonat, Kalzium Magnesium	entzündungshemmend
Harnsäuresteine (Kalziumoxalat)	Hydrogenkarbonat, Magnesium	reduziert Steinbildung
Harnsäuresteine (Xantin/Zystin)	Hydrogenkarbonat	Vorbeugung durch Erhöhung des Harn-pH-Wertes
Harnsäuresteine (Kalziumphosphat)	Sulfat, Magnesium	Vorbeugung durch Senkung des Harn-pH-Wertes
Haut, unreine und Hauterkrankungen	Magnesium, Kalzium, Sulfat, Hydrogenkarbonat	entschlackend, entwässernd
Konzentrations-schwäche	Hydrogenkarbonat, Magnesium, Kalzium	Ausgleich des Wasser-/ Elektrolythaushalts
Magenschleimhaut-entzündung	Hydrogenkarbonat	entzündungswidrig
Osteoporose	Kalzium, Fluorid	Ausgleich des Kalziummangels
Rheumatische Beschwerden	Kalzium, Fluorid, Hydrogenkarbonat	entzündungswidrig, Kalziumerhöhung
Sodbrennen	Hydrogenkarbonat	Säurebindung
Zellulite	Magnesium, Kalzium, Sulfat, Hydrogenkarbonat	entschlackend, entwässernd

Beschwerden von A bis Z mit Molke heilen

In diesem Kapitel finden Sie die gängigsten Beschwerden, die sich mit Molke positiv beeinflussen lassen, in alphabetischer Reihenfolge aufgeführt. Neben der Beschreibung typischer Krankheitszeichen sowie der Ursachen für die Beschwerden geben wir Ihnen jeweils einen konkreten Therapievorschlag. Sie erfahren darüber hinaus, wie Ihnen die Molke im Einzelfall hilft und mit welchen Begleitmaßnahmen Sie Ihr Gesundwerden noch beschleunigen können.

Abwehrschwäche

Symptome Wenn Sie häufig an Infektionskrankheiten leiden, ist wahrscheinlich Ihr Abwehrsystem überfordert oder sogar geschädigt. Es kann seine Aufgabe, den Körper vor Krankheitserregern zu schützen, nicht mehr richtig ausüben.

Ursache Besonders die Freien Radikale greifen das Immunsystem direkt an und schädigen es. Ihre Zerstörungswut wird durch Stress, Genussgifte und belastende Umweltfaktoren begünstigt. Kein Organ und keine Stoffwechselfunktion wäre vor ihnen sicher, wenn unser Körper nicht Abwehrzellen bilden könnte, welche die Freien Radikale und andere Erreger zersetzen oder durch Bindungen schwächen.

So hilft Molke Die Molke enthält alle erforderlichen Aminosäuren, vor allem Arginin und Cystein, um spezielle Eiweißverbindungen aufzubauen, die die Freien Radikale zerstören. Die in der Molke reichlich vorhandenen B-Vitamine sind besonders wichtig für den Aufbau von Eiweißverbindungen. Rechtsdrehende Milchsäurebakterien aus der Molke führen zu einer erhöhten Konzentration der Immunglobuline, jener speziell vom Abwehrsystem gebildeten Eiweißverbindungen, die körperfremde Eindringlinge vernichten.

Therapievorschlag

5-mal täglich 200–300 ml Molke, dazu
3-mal täglich 1 EL Rettich-, Mistel- oder Spitzwegerichsaft.

Begleittherapie

Darmsanierung durch Einläufe, Abhärten durch Kneipp-Anwendungen wie Wassertreten und Güsse, viel Bewegung an der Luft.

Adipositas und Übergewicht

Symptome

Übergewicht ist ein Problem, das fast 40 % aller Menschen in den Industrienationen betrifft. Es ist aber nicht nur ein Problem des Aussehens, sondern macht oft krank. Erst sind es Störungen im Stoffwechsel, dann folgen Organschäden – die im schlimmsten Fall sogar bis zum Tod führen können.

Ursache

Unser Verdauungs- und Stoffwechselsystem unterscheidet sich kaum von dem unserer Vorfahren im Urwald. Es ist auf rohe Nahrung mit Blättern, Früchten und Wurzeln eingerichtet. Diese Nahrung ist extrem fettarm und reich an Enzymen und Vitalstoffen. Fette und denaturierte Nahrungsmittel stellen deshalb für unseren Körper immer ein Problem dar, auch, wenn sie als so genannte hochwertige Pflanzenfette im Übermaß genossen werden. Exakte klinische Untersuchungen belegen eindeutig, dass es trotzdem immer zu Fettablagerungen in fast allen Körperorganen kommt, die letztendlich alle Organfunktionen beeinträchtigen können.

So hilft Molke

Molke ist ein ideales Grundnahrungsmittel. Sie ist fett-, eiweiß- und kalorienarm. Sie enthält zwar von allem, was zum Leben erforderlich ist, etwas, jedoch von keinem so viel, dass unser Körper

Nur durch eine Umstellung der Ernährung und Änderung der Essgewohnheiten ist es möglich, langfristig und anhaltend an Gewicht zu verlieren.

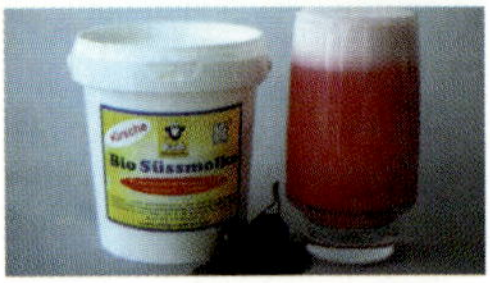

damit überlastet würde. Besonders interessant ist, dass selbst bei mehrwöchigem Fasten lediglich eine Ergänzung durch Obst- oder Gemüsesäfte erforderlich ist, um vollauf gesund leben zu können. Bewährt bei der Bekämpfung von Übergewicht hat sich Raab Süssmolke, ein Instant-Molke-Getränk in Pulverform. Süßmolke fällt bei der Herstellung von Rohmilch-Käse an und enthält alle Mineralien, Spurenelemente, Milchzucker, Vitamine und hochwertigen Aminosäuren der Milch. Mit rechtsdrehenden Milchsäurebildnern angereichert, die normalerweise nur in ganz frischer Süßmolke vorkommen, eignet sich dieses Produkt hervorragend als kalorienarmes Fastengetränk, das außerdem noch mild abführt und entwässert.

Therapievorschlag

5-mal täglich 200–300 ml Molke, dazu
3-mal täglich 1 EL Birkenblätter-, Brennnessel-, Petersilien- oder Selleriesaft.

Begleittherapie

Ausdauertraining, Kalorienreduzierung auf ca. 1400 kcal pro Tag, Spanischer Mantel, Wechselduschen, Trockenbürstungen, Einläufe.

Achtung!

Bei schwerer Adipositas im fortgeschrittenen Stadium dürfen Sie nur unter ärztlicher Überwachung und Anleitung abnehmen! Es drohen ansonsten Gefahren für den Kreislauf!

Allergien/Milchallergie

Symptome

Typische Zeichen einer Milchunverträglichkeit oder Milchallergie sind Blähungen, Magenkrämpfe, Verstopfung oder Durchfälle. Eventuell kommt es auch zu Erbrechen, Hautveränderungen und Asthmaanfällen.

Im Falle einer Milchunverträglichkeit fehlen dem Körper lediglich Enzyme, um den Milchzucker (Laktose), der auch noch in der Molke enthalten ist, zu verdauen. Als Hauptauslöser einer Milchallergie gelten die Alpha-Kaseine, die in der Molke jedoch nur in ganz geringen Mengen enthalten sind. Sie kommen auch in Ziegen- oder Schafsmilch vor, sodass ein Wechsel der Milchsorte nur in den Fällen Erfolg zeigt, wo sich die Allergie isoliert gegen andere Stoffe der Milch richtet. In vielen Fällen ist jedoch nicht die Kuhmilch selbst schuld, sondern die bei industriell verarbeiteten Milchprodukten zusätzlich zugegebenen Enzyme.

Ursache

Bei Milchunverträglichkeit oder -allergie lohnt ein Versuch mit abgekochter Milch vom Bauernhof. Wird die Milch problemlos vertragen, gilt dies auch für Molke, Kefir und Joghurt aus dieser Milch.

Vorbeugen ist die beste Medizin

Um einer Milchallergie bei Ihrem Kind vorzubeugen, sollten sie möglichst neun Monate voll stillen. Erst dann ist sichergestellt, dass die Bakterienflora und die Verdauungsenzyme Ihres Kindes auch Kuhmilch einwandfrei verdauen können. Muttermilch ist eben nach wie vor in ihrer Zusammensetzung die ideale Ernährung für einen Säugling.

Bei einer diagnostizierten Kuhmilchprotein-Allergie wird heute nicht mehr empfohlen, auf Säuglingsmilch auf Sojabasis auszuweichen, da auch Soja hochallergene Proteine aufweist. Vorbeugend wird das Kind im ersten Lebensjahr mit einer semi-elementaren Säuglingsmilch ernährt. Diese erhalten Sie auf Rezept in der Apotheke. Falls aber eine Mutter stillen kann und weiterhin auch stillen will, braucht sie nicht unbedingt abzustillen. Damit die Muttermilch jedoch keine Kuhmilchallergene enthalten kann, sollte sich die Mutter kuhmilchfrei ernähren und ausprobieren, ob ihr Baby die Muttermilch dann besser verträgt. Innerhalb von drei Tagen nach Absetzen der Kuhmilch müsste eine Besserung erfolgen und erst sechs bis neun Monate später sollte wieder versucht werden, ob nun Kuhmilch akzeptiert wird – sowohl über die Muttermilch als auch danach als eigenes Getränk.

Um eine Milchallergie beim Säugling zu vermeiden, sollte die Mutter so lange wie möglich stillen.

So helfen Sie sich bei einer Milchallergie

Meiden Sie alle Nahrungsmittel, die Milchanteile enthalten könnten.

Wird eine Milchallergie festgestellt, so muss vorerst auf Milchprodukte gänzlich verzichtet werden. Dabei ist es wichtig, die Zutatenlisten von Fertignahrungsmitteln genau zu studieren. Meiden Sie Lebensmittel mit Bestandteilen wie Milch, Milcheiweiß, Molke oder allen Begriffen, die mit »Lacto« beginnen. Auch bei unverpackten Nahrungsmitteln, wie Brot, Wurst etc., sollten Sie nach eventuellen Zutaten aus Milch fragen, da auch dort gerne Bestandteile davon verwendet werden. Einen gewissen Ersatz für Milch können kalziumreiche Gemüse- und Fruchtsäfte und kalziumreiche Mineralwässer darstellen. Idealerweise verdünnt man die Säfte mit Mineralwasser – so spart man gleichzeitig noch Kalorien.

So hilft Molke

Da allergische Reaktionen auf Milchbestandteile lebensbedrohliche Zustände von Darmblutungen bis hin zum Ersticken auslösen können, ist von Selbstversuchen dringend abzuraten. Unter Kontrolle eines erfahrenen Arztes kann jedoch der Versuch mit homöopathisch aufbereiteter Molke ein Schlüssel sein, um das Immunsystem wieder gegenüber Molke und später auch Milchprodukten im Allgemeinen tolerant zu machen. Ein positives Ergebnis in dieser Hinsicht führt zu einem generell normaler agierenden Immunsystem und ist somit ein deutlicher Schritt hin zu einer ganzheitlichen Gesundung.

So setzen Sie Molke am wirkungsvollsten ein

Der regelmäßige Genuss von Molke kann beim nicht allergisch reagierenden Menschen der Entwicklung einer Milchallergie und sogar der Entwicklung allergischer Reaktionen gegenüber anderen Stoffen vorbeugen. Klinische Untersuchungen belegen, dass Molke eine allgemein entgiftende Wirkung besitzt; dadurch wird die Ausscheidung von verschiedenen Schwermetallen unterstützt, das Immunsystem gekräftigt und Stoffwechselerkrankungen vorgebeugt.

Im Darm werden von der Molke krank machende Keime verdrängt. Molkeeinnahme während der Schwangerschaft scheint allergischen Erkrankungen der Kinder vorzubeugen.

Wegen ihres geringen Fettgehaltes verbleibt Molke nicht lange im Magen. Deshalb gelangen die rechtsdrehenden Milchsäurebakterien und Enzyme relativ unbeschadet durch die Salzsäure des Magens in den Darm. Trinken Sie die Molke deshalb bis 20 Minuten vor und erst zwei Stunden nach fettreichen Speisen. Der Magenkanal, eine Ausbuchtung in der Magenwand, garantiert in diesem Fall, dass Getränke nicht mehr mit dem Mageninhalt vermengt werden. Ihr Verdauungssystem wird dann zunehmend mehr Enzyme für die Verdauung der Laktose bereitstellen.

Natürlich ist Frischmolke, die zum Beispiel bei der Herstellung von Magerquark und Magerfrischkäse für Ihre milchunempfindlichen Familienmitglieder anfällt, die beste Lösung.

Auch Vitamin-C-haltige Früchte helfen bei Milchallergie, denn Vitamin C bremst den Ausstoß von Histamin. Acerolakirschen oder -pulver, Apfelsinen, Heidelbeeren, Himbeeren, schwarze Johannisbeeren, Sanddorn und Kiwis sind besonders reich an Vitamin C.

Therapievorschlag

1 Schnapsglas Molke (um das Verdauungssystem langsam zu trainieren), dazu 3-mal täglich 1 EL Schafgarben- und/oder Selleriesaft.

Der frische Saft aus der Schafgarbe hilft bei vielerlei Magen- und Darmbeschwerden und kann auch bei bestehenden Allergien wirksam sein.

Aphthen

Symptome

Obwohl der Virus durch Küssen übertragen werden kann, ist fast immer das Immunsystem des Partners dem Virus gewachsen.

Aphthen sind gelblich weiße, rot umrandete Pusteln bzw. Bläschen auf der Mundschleimhaut. Sie können äußerst schmerzhaft sein. Als Urheber gilt ein Virus, mit dem das jeweilige Abwehrsystem nicht fertig wird. Psychisch und physisch belastende Situationen gehen meist dem Ausbruch der Bläschen voraus. Normalerweise erfolgt die Abheilung innerhalb von zehn Tagen. Ferner haben wir festgestellt, dass Maßnahmen wie die Behandlung mit unverdünnten Desinfektionslösungen oder ätherischen Ölen zwar kurzfristig Besserung bringen, den Ausheilungsprozess insgesamt jedoch verlängern.

Ursache

Als Ursache gilt bis jetzt eine isolierte Immunschwäche im Mundbereich, die auf einen oder mehrere Viren beschränkt ist.

So hilft Molke

Die Molke kann durch ihre mineralische Zusammensetzung sowie die Milch- und Zitronensäure eine stabilere Mundschleimhaut begünstigen. Sie baut eine gesunde Darmflora auf und schützt so vor einer Überschwemmung mit Bakteriengiften, die ihrerseits bakterielle Schleimhautentzündungen hervorrufen.

Therapievorschlag

5-mal täglich 200–300 ml Molke, dazu
3-mal täglich 1 EL Melissen-, Rettich- oder Zinnkrautsaft.

Arteriosklerose und Bluthochdruck

Symptome

Nachlassen der Sehkraft, der Merkfähigkeit, des Gehörs sind erste Zeichen für die schleichend verlaufende Arteriosklerose. Treten Durchblutungsstörungen, Herzrhythmusstörungen oder Herzkrämpfe auf, besteht erhöhte Gefahr, einen Herzinfarkt oder Schlaganfall zu erleiden als Folge der durch Cholesterinablagerungen verengten und brüchigen Gefäße.

Kein Stress – kein Cholesterin

Der Cholesterinspiegel im Blut ist nach neuesten Erkenntnissen vor allem abhängig von der körpereigenen Cholesterinproduktion, die nur in geringem Zusammenhang mit dem durch die Ernährung zugeführten Cholesterin steht. Cholesterin wird vom Körper als ein Reparaturstoff für Gefäße gebildet, wenn eine reale oder eingebildete Gefahrensituation besteht. Den Stress im Alltag und im Kopf zu reduzieren – zum Beispiel mit Entspannungsmethoden – und »Gehirnjogging« ist deshalb sehr wichtig.

Ursache

Bluthochdruck kann sowohl eine Folge der zunehmend an Elastizität und Durchmesser verlierenden Gefäße, als auch ihre Ursache sein. Auf jeden Fall dramatisiert eine Gefäßverengung das Geschehen und muss äußerst ernst genommen werden. Besonders tückisch ist, dass auch der Bluthochdruck meist erst bemerkt wird, wenn er bereits Organe und Gefäße geschädigt hat. Eine regelmäßige ärztliche Untersuchung ist schon aus diesem Grund lebenswichtig.

So hilft Molke

Die in der Molke enthaltenen Vielfachzucker (Polysaccharide) wirken dämpfend auf den Cholesterinstoffwechsel und bewahren so die Gefäße vor gefäßverengenden Ablagerungen, die wiederum einen erhöhten Blutdruck erfordern, um noch eine ausreichende Zellernährung zu gewährleisten. Stoffwechselprodukte der rechtsdrehenden Milchsäurebakterien und weitere Bestandteile, wie zum Beispiel die B-Vitamine, wirken beruhigend und bremsen so die Bereitschaft des Körpers, vermehrt Cholesterin zu bilden. Die Mineralstoffkombination der Molke, in welcher der Kaliumgehalt deutlich gegenüber dem Natriumgehalt überwiegt, bringt Bewegung in den Zellstoffwechsel und begünstigt die Ausscheidung von

Trinken Sie Heilwässer, die vor allem durch ihren hohen Magnesiumgehalt im Herzmuskelbereich wirksam sind.

überschüssiger Gewebeflüssigkeit, Stoffwechselgiften und Salz. Dies bringt automatisch eine Blutdrucksenkung mit sich.

Therapievorschlag

5-mal täglich 200–300 ml Molke,
dazu 3-mal täglich 1 EL Artischocken-, Knoblauch-, Mistel- oder Wacholderbeersaft.

Arthritis und Arthrose

Symptome

Bei der Arthrose handelt es sich um eine Abnutzung der Gelenke. Nicht selten geht ihr eine entzündliche Gelenkerkrankung – die Arthritis – voraus. Plötzliches hohes Fieber mit Schüttelfrostanfällen und starken Gelenkschmerzen sind typische Zeichen einer akuten Arthritis. Mit fortschreitender Erkrankung kommt es zu Deformierungen der Gelenke mit deutlichen Einschränkungen in der Beweglichkeit.

Ursache

Die Ablagerung von Stoffwechselschlacken und Cholesterin in den Gelenken und den sie versorgenden Gefäßen sowie der Mangel an basischen Mineralien und Kalzium in der Nahrung sind die Hauptursachen von Arthrose und Arthritis. Dazu kommen häufig von ungünstigen Darmbakterien gebildete Gifte, die zu Entzündungen im umgebenden Weichteilbereich der betroffenen Gelenke führen.

So hilft Molke

Die Molke versorgt unseren Körper mit den wichtigen basischen Mineralien für den Gelenkaufbau. Molkeinhaltsstoffe fördern die Entschlackung und Entgiftung des ganzen Körpers, dadurch werden die Zellzwischenräume wieder frei für den Durchtritt der Nährstoffe zu den Gelenken. Im Darm vermag Molke außerdem die Ausbreitung ungünstiger Bakterien und damit auch ihrer Gifte zu verhindern.

Therapievorschlag

5-mal täglich 200–300 ml Molke,
dazu 3-mal täglich 1 EL Birkenblätter-, Brennnessel-, Knoblauch-, Mistel- oder Selleriesaft.

Begleittherapie

Bewegung, Bäder und Wickel mit Molke.

Atemwegserkrankungen

Symptome

Ein Brennen auf der Brust, trockener und schmerzhafter Reizhusten, eventuell Fieber sind die typischen Zeichen einer Bronchitis. Mit vermehrter Schleimbildung versucht der Körper, Krankheitsstoffe nach außen zu transportieren. Der Schleim und eine eventuell damit einhergehende Anschwellung der Bronchien erschweren das Atmen. Nicht selten spielen allergische Reaktionen auf Nahrungsstoffe oder Umweltgifte eine Rolle, bei den alle oben genannten Krankheitszeichen zusammen oder auch nur einzelne davon auftreten, ohne dass ein Krankheitserreger nachweisbar ist.

Wird die Erkrankung nicht ausgeheilt, so kann es zu einer Chronifizierung kommen, bei der die beschriebenen Krankheitszeichen anhaltend bestehen bleiben.

Die Behandlung von Atemwegserkrankungen gehört in die Hand eines Arztes oder Heilpraktikers!

Ursache

Ein zu schwaches oder überempfindliches Abwehrsystem.

So hilft Molke

Molke wirkt immunmodulierend, das heißt, sie beruhigt ein übernervöses Nervensystem und regt ein schläfriges Immunsystem an. Sie tut also genau das, was man in dieser Situation braucht. Ihre günstige Wirkung auf die Darmflora stellt zudem sicher, dass zusätzliche Belastungen durch Giftstoffe aus dem Darm zunehmend geringer werden. Leider kommt es gerade bei der Heilung von Atemwegserkrankungen nicht selten zu Erstverschlimmerungen. Mit dem sich anbahnenden Ausscheidungs- und Heilungsprozess gelangen derart viele Krankheitsstoffe in die Blutbahn, so dass die

Atembehinderung eher zunimmt als abnimmt. Dies ist zwar nur vorübergehender Natur, Sie sollten jedoch auf jeden Fall einen Arzt oder Heilpraktiker zu Rate ziehen, denn es könnte auch einer der selteneren Fälle sein, wo Ihr Abwehrsystem auf einzelne Molkestoffe allergisch reagiert.

Therapievorschlag *5-mal täglich 200–300 ml Molke, dazu 3-mal täglich 1 EL Brunnenkresse-, Rettich-, Spitzwegerich-, Thymian- oder Zinnkrautsaft.*

Begleittherapie Molke-Bleibeklistier, Molke-Brustwickel, rauchfreie Umgebung.

Blasenentzündungen

Symptome Ein anhaltender Harndrang, trotz geringer abgegebener Harnmenge, in Verbindung mit äußerst unangenehmen Schmerzen beim Wasserlassen, ist typisch. Der Urin ist trüb und kann auch blutig verfärbt sein. Zusätzlich treten eventuell krampfartige Schmerzen im gesamten Unterleib auf.

Ursache Meist sind bakterielle Infektionen schuld. Vor allem Unterkühlung führt zur Mangeldurchblutung in den harnableitenden Wegen, was natürlich gleichzeitig mit einer mangelnden Präsenz der zum Schutz der Schleimhäute erforderlichen Abwehrkörper einher geht.

So hilft Molke Durch ihre Natriumarmut wirkt die Molke abschwellend und entwässernd. Blase und Harnwege werden deshalb besser durchspült. Die Milchsäure und die Zitronensäure der Molke werden zum Teil über die Nieren ausgeschieden, dabei entfalten sie ihre keimwidrige Wirkung auch in den Harnwegen. Besonders mit senfölhaltigen Pflanzensäften können Sie die keimfeindliche Wirkung der Molke unterstützen.

5-mal täglich 300–400 ml Molke, dazu
3- bis 4-mal täglich 1 EL Rettich-, Meerrettich-, Petersilien-, Kresse-, Knoblauch-, Wacholderbeer- oder Zinnkrautsaft.

Therapievorschlag

T-Wickel, Sitzbad, ansteigendes Fußbad mit Molke.

Begleittherapie

Blutarmut (Anämie)

Symptome bei allen Formen

Rasche Ermüdbarkeit, Konzentrationsschwäche, Gereiztheit, Neigung zu Depressionen, gelblich blasse Haut, Schwindelanfälle, Ohrensausen, aber auch Lippeneinrisse und dünnes Haar sind typische Zeichen für Blutarmut oder Mängel in der Blutzusammensetzung. Seltener als die oben beschriebene Eisenmangelanämie ist die perniziöse Anämie, ein Mangel an Vitamin B_{12}. Für die hämolytische Anämie, eine allergische Reaktion auf körpereigene Blutkörperchen, liegen noch wenig Erfahrungen mit Molke vor.

Ursache

Falsche Ernährung, Verwertungsstörungen für Mineralstoffe – vor allem Eisen – lassen auch auf eine gestörte Darmflora schließen. Besonders bei intensiven Regelblutungen sind Frauen gefährdeter als Männer. Auch im Wachstumsalter kommt Blutarmut häufig vor.

So hilft Molke

Der Eisengehalt von 1½ l Molke, also der üblichen Tagesdosis, entspricht zwar nur zu einem Zehntel dem empfohlenen Tagesbedarf laut DGE (Deutsche Gesellschaft für Ernährung), die besonders leichte Verwertbarkeit des Molke-Eisens scheint jedoch den realen Bedarf zu mindern, denn auch bei längeren Fastenkuren ohne weitere bedeutende Eisenspender stellen sich optimale Eisenwerte im Blut ein.

Ferner ist ein besonders wichtiger Gesichtspunkt die Verbesserung der Eisenverwertung durch die mit Hilfe der Molke gesundete Darmflora, da Molke den Vitamin-B_{12}-bildenden Darmbakterien einen idealen Nährboden schafft.

Blutarmut ist in der Schwangerschaft besonders gefährlich, da das Risiko einer Fehlgeburt besteht.

Bringen Sie öfters Sauerkraut auf den Tisch. Es enthält viel Vitamin C, ist ballaststoffreich und kurbelt die Verdauung an. Zudem fördert es die Blutbildung.

Therapievorschlag

5-mal täglich 200–300 ml Molke, dazu
3-mal täglich 1 EL Artischocken-, Weißkohl-, Sauerkraut- oder Sanddornsaft.

Begleittherapie

Vitamin C verbessert die körpereigene Eisenverwertung. Kiwis, Orangen, Paprika, Tomaten und Zitronen sind uns deshalb durch ihren hohen Vitamin-C-Gehalt eine große Hilfe.

Darmentzündungen

Symptome

Durchfälle und Bauchkrämpfe kommen immer wieder einmal vor; wenn sich jedoch der Stuhl blutig-eitrig verfärbt, dann ist größte Vorsicht geboten. Es könnte sich um Colitis ulcerosa, Morbus Crohn oder Ruhr handeln. Fieberschübe, Appetitlosigkeit und die Abneigung gegenüber Getränken führen, gemeinsam mit dem Wasserverlust durch die anhaltenden Durchfälle, zu einem lebensbedrohlichen Flüssigkeitsverlust.

In den meisten Erkrankungsfällen kann man deutliche Ernährungsfehler oder infizierte Nahrung für die Entzündung verantwortlich machen. Zu wenig Faserstoffe in der Nahrung lassen den Darm auf Dauer zunehmend überempfindlich werden und bieten keine ausreichende Lebensgrundlage für darmpflegende Bakterien. In selteneren Fällen liegt auch eine Unverträglichkeit gegenüber Enzymen und Zusatzstoffen aus der Nahrungsmittelfertigung vor. Besonders Käseprodukte, Fleisch und Wurstwaren stehen als Reiz-

Ursache

Darmerkrankungen müssen immer behandelt werden! Lassen Sie vor einer Selbstbehandlung immer die Ursache vom Arzt abklären!

So verhelfen Sie Ihrem Darm zu neuer Gesundheit

Meiden Sie Milchprodukte, Fleisch und Wurstwaren, deren Herstellungsprozess und Zutaten Sie nicht kennen.

Süßwaren, wie Schokolade, Bonbons, Kuchen und Kekse, Weißbrot, zuckerhaltige Limonaden und Colagetränke, alkoholische Getränke und frittierte Speisen, ernähren bevorzugt jene Bakterien, die wir nicht im Darm haben wollen!

Ballaststoffe erwecken Ihren Darm zu neuem Leben! Lösliche Ballaststoffe kommen in Hafer, Hülsenfrüchten, Nüssen, Samen, Obst und Gemüse vor. Ihre Bestandteile müssen erst durch Darmbakterien aufgeschlossen werden und gehen dadurch langsam und ohne den Zuckerstoffwechsel zu belasten in die Blutbahn über. Gleichzeitig stellen sie eine ideale Nahrung für nützliche Bakterien dar.

Bei allen mikrobiologischen Erkrankungen des Darmes hat sich Microflorana F® (rezeptfrei in der Apotheke) wegen seiner vielen Mineralstoffe, Spurenelemente, Vitamine und Aminosäuren äußerst bewährt. Die im Präparat enthaltenen Bakterien werden auf natürliche Weise mit Süßmolke (sie ist milchfrei und löst daher keine Allergien aus) gezüchtet. Dadurch erhält es seine ausgezeichnete Heilwirkung.

Selbst ein scheinbar frisches Stück Fleisch aus der Supermarkttheke kann mit Enzymen behandelt sein, um es ansehnlicher und haltbarer zu machen.

stoffträger in Verdacht. Auch pflanzliche Abführmittel führen bei anhaltendem Gebrauch zu Darmreizungen.

So hilft Molke

Die in der Molke enthaltenen rechtsdrehenden Milchsäurebakterien besitzen antibiotische Wirkungen. Das bedeutet, dass diese Bakterien krankmachende Keime neutralisieren beziehungsweise abtöten können. Zugleich helfen sie beim Aufbau einer gesunden Darmflora und steigern die Widerstandskraft der Darmschleimhäute. Ihre milde Immunstimulierung schützt vor erneuten Infektionen. Besonders in Verbindung mit speziellen Fastenkuren ist die Molke nach Ansicht namhafter Enterologen den chemischen Medikamenten mindestens ebenbürtig.

Therapievorschlag

5-mal täglich 200–300 ml Molke, dazu
3-mal täglich 1 EL Schafgarben-, Löwenzahn-, Artischocken- oder Sauerkrautsaft.

Begleittherapie

Johannisbeeren haben sich bereits seit Jahrhunderten bei Darmreizungen bewährt, denn sie wirken generell schleimhautschützend. Johannisbeersaft und schonend zubereitete Johannisbeermarmelade – ob weiß, rot oder schwarz – wirken vergleichbar, denn die noch nicht abschließend analysierten Wirkstoffe sind nur wenig hitzeempfindlich. Um den Darm nicht zusätzlich zu reizen, sollte man den Fruchtbrei durch ein Sieb passieren, um die Kerne zurückzuhalten.

Darmträgheit und Verstopfung

Symptome

In diesem Fall wird der Darm seltener und oft erst nach fünf oder mehr Tagen entleert. Verständlicherweise ist der Stuhl dann hart und trocken, der Stuhlgang entsprechend schwer und oft auch schmerzhaft.

Die Verdauung ohne Probleme normalisieren

Die Verdauung größerer Ballaststoffmengen erfordert einen gesunden Darm, wenn es nicht zu Blähungen, Völlegefühl oder gar Darmkrämpfen kommen soll. Gerstenkleie, Haferkleie, Hafermehl, Hülsenfrüchte, Karotten, Rettich, Radieschen, Rosenkohl, Sellerie, Schwarzwurzeln und Zwiebeln sind häufig an diesen Beschwerden schuld.
Wenn Sie Ihre Ernährung auf ballaststoffreiche Kost umstellen, essen Sie anfänglich nicht zu viel von den oben genannten Nahrungsmitteln auf einmal. Mit Anis, Fenchel und Kümmel können Sie zwar die Symptome mildern, gesund ist Ihr Darm aber erst, wenn solche Verdauungshilfen nicht mehr gebraucht werden und Sie die gesunde Nahrung ohne Probleme verwerten können.

Auch ein Darmverschluss kann die Ursache für länger anhaltende Verstopfung sein. Im Zweifelsfall deshalb immer zum Arzt gehen.

Ursache

Ballaststoffarme Ernährung, aber auch jede Ernährungsumstellung, gleich auf welche Ernährungsform, kann anfänglich eine Verstopfung auslösen. Ein sanfter Übergang bei einer Umstellung Ihrer Nahrungsmittel ist deshalb immer anzuraten. Auch wer zu wenig trinkt, bekommt schnell Verstopfung. Fettreiche Nahrung kann sogar bis zur Darmlähmung führen. Spätfolgen von Verstopfung sind Krampfadern, Venenentzündungen und Embolien.

So hilft Molke

Die Milchsäure der Molke bewirkt zwar eine milde Anregung der Darmbewegungen, dies wird jedoch nicht genügen, um eine eventuell bereits seit Jahrzehnten bestehende Darmträgheit zu überwinden. Pflanzensäfte mit einem hohen Gehalt an Bitterstoffen sind in einem derartigen Fall ideal geeignet, die Molkewirkung zu verstärken. Gerade Artischockensaft bietet sich durch seinen hohen Bitterstoffgehalt besonders an.

Wer Löwenzahnsaft kurmäßig über einen Zeitraum von vier bis sechs Wochen einnimmt, kann schon bald mit einer Verbesserung seiner Beschwerden im Magen- und Darmbereich rechnen.

Therapievorschlag *5-mal täglich 400 ml Molke, dazu 3-mal täglich 1 EL Artischocken-, Rettich-, Löwenzahn- oder Sauerkrautsaft.*

Begleittherapie Molke-Bleibeklistier, Bauchmuskeltraining, Wickel mit Molke.

Durchfallerkrankungen

Symptome Dünnflüssiger Stuhl, mehr als fünfmal täglich und ein nach der Darmentleerung weiter bestehender Stuhldrang sind typisch für Durchfallerkrankungen. Nicht selten treten zudem krampfartige Unterleibsschmerzen oder gar Fieber auf.

Ursache Der Missbrauch von Abführmitteln steht sicher an erster Stelle, denn er schädigt die Darmschleimhaut mehr als manche vorübergehende Darminfektion, die ordnungsgemäß behandelt wird. Auch in Prüfungs- und Stresssituationen haben viele schon erlebt, wie eng Psyche und Verdauungstrakt miteinander verbunden sind. Anhaltender Stress sollte deshalb in seiner ungünstigen Wirkung, auch auf den Darm, nicht unterschätzt werden.

Durchfallerkrankungen gehören immer in die Hand eines Arztes! Lassen Sie vor einer Selbstbehandlung immer zuerst die Ursachen abklären.

Durchfall ist die einzige aktive Möglichkeit unseres Darms, auf Überbelastung zu reagieren. Indem er ungezielt einfach alles »herauswirft«, schafft er sich die Basis, um mit dem Neuaufbau einer gesunden Flora beginnen zu können. Grundsätzlich sollten wir ihn dabei vor allem durch viel Flüssigkeit unterstützen. Der Molke geben Sie in diesem Fall immer eine Prise Meersalz zu, um den Mineralverlust optimal auszugleichen.

So hilft Molke

Eine gesunde Darmflora verdrängt nicht nur krank machende Bakterien, sie ist auch in der Lage, eine Vielzahl von Enzymen, Vitaminen und vitaminverwandten Stoffen zu bilden. Die Forschung in diesem Bereich steckt jedoch noch in den Kinderschuhen. Diese selbst gebildeten Stoffe der Darmbakterien stellen aber in jedem Fall die bestmögliche Medizin für einen vergifteten und gereizten Darm dar.

Die Milchsäure der Molke und vor allem eine Molke, die zusätzlich mit günstigen Darmbakterien angereichert wurde, hilft schnell, ein optimales Bakterienverhältnis wiederherzustellen, ohne den Durchfall abrupt zu stoppen und dadurch den Selbstreinigungsprozess des Darmes zu bremsen.

Therapievorschlag

5-mal täglich 400 ml Molke, dazu
3-mal täglich 1 EL Melisse-, Baldrian- oder Weißkohlsaft.

Begleittherapie

Apfelpektin war bereits in der babylonischen Medizin als Heilmittel bei Durchfall bekannt. Am besten essen Sie mehrmals täglich einen geriebenen und oxidierten Apfel. Die Braunfärbung des Apfels entsteht durch den Luftsauerstoff, wenn Sie den geriebenen Apfel eine Weile stehen lassen.

Entgiftung, Entschlackung und Leberschonung

Symptome Mangelnder Appetit, Gewichtsverlust, Übelkeit, Erbrechen, ständiges Unwohlsein, ein taubes Gefühl in Armen und Beinen können typische Anzeichen dafür sein, dass die Leber ihre Entgiftungsfunktion nicht mehr korrekt ausführen kann. Anhaltende Blässe bei lackroten Lippen tritt oft erst auf, wenn die Leber bereits deutlich geschädigt ist.

Ursache Eine der Hauptaufgaben der Leber ist die Entgiftung aller in der Blutbahn befindlichen Stoffe. So kommt sie mit allem in Berührung, was wir unserem Körper an Ungesundem zumuten. Minderwertige Fette, Alkohol und Medikamentenwirkstoffe stehen an erster Stelle, aber auch Nikotin, Pflanzenschutzmittel und vermutlich viele künstliche Zusatzstoffe in unseren Lebensmitteln fordern der Leber täglich ein Höchstmaß an Leistung ab.

So hilft Molke Die hochwertigen Molkeeiweiße erfordern von der Leber wenig Arbeit beim Umbau in körpereigene Eiweiße. Molkeeiweiße dienen als Baustoffe für jene Fresszellen, die Giftstoffe in sich aufnehmen und abbauen können.

Die basischen Mineralien der Molke helfen bei der Bindung und Neutralisation giftiger Säuren. Die Milch- und Zitronensäure aus der Molke helfen im Darm, die Ausbreitung ungünstiger Bakterien zu verhindern.

Therapievorschlag *5-mal täglich 200–300 ml Molke, dazu*
3-mal täglich 1 EL Artischocken-, Löwenzahn-, Sellerie- oder Rosmarinsaft.

Begleittherapie Molke-Bleibeklistier, Schonkost, Alkoholabstinenz.

Erschöpfung

Symptome

Andauernde Mattigkeit und Müdigkeit, Kopf- und Gliederschmerzen, Schwindel und Konzentrationsstörungen prägen das tägliche Empfinden der von CFS (Chronic Fatigue Syndrome) betroffenen Menschen. Depressionen bis hin zur Unfähigkeit, alltägliche Verrichtungen zu tun, sind die Folge.

Ursache

Hauptverdächtiger ist zur Zeit das Epstein-Barr-Virus, ein Verwandter des AIDS-Auslösers HIV. Da ca. 80 % aller Menschen dieses Virus in ihrem Körper tragen, jedoch nur die Wenigsten diese Krankheit in ihrer ganzen Härte erleben, scheint ein gesundes Abwehrsystem dem Erreger normalerweise gewachsen zu sein. Unter anhaltendem Stress oder der Einwirkung von Giften droht jedoch eine nicht zu unterschätzende Gefahr, dass die Erkrankung mit zunehmender Härte ausbricht.

So hilft Molke

Molke hilft beim Aufbau einer gesunden Darmflora, die wiederum ungünstige Bakterien und Pilze aus dem Darm verdrängt und Gifte ausscheidet. Im Zellstoffwechsel wirkt sie entwässernd, schwemmt Gifte aus und entlastet dadurch die Leber. Durch die Stärkung des Immunsystems bessern sich automatisch auch das allgemeine Wohlbefinden und die Stabilität.

Therapievorschlag

5-mal täglich 200–300 ml Molke, dazu 3-mal täglich 1 EL Rosmarin-, Rettich-, Sanddorn- oder Mistelsaft.

Gicht

Symptome

Ein plötzlich einsetzender, stechender Schmerz – wie von einem Messer – mitten im Gelenk, der einen zudem noch mitten aus dem tiefsten Schlaf reißt, ist für viele Menschen die erste Begegnung mit der Gicht. In zwei Dritteln der Fälle ist es beim ersten Mal das Großzehengrundgelenk. Gelegentliche Gichtanfälle sind meist die Vorboten einer chronischen Erkrankung. Statistiken belegen, dass sich in 73 % aller Fälle innerhalb von 20 Jahren nach dem ersten Gichtanfall eine chronische Erkrankung entwickelt hat.

Ursache

Der Schmerz entsteht durch die Ablagerung harnsaurer Salze in den gelenkumgebenden Weichteilen. Die Krankheit kann sich langsam entwickeln und am Anfang mit Gelenkrheuma verwechselt werden. Meist liegt eine Einschränkung der Nierenfunktion zu Grunde, seltener ein Stoffwechseldefekt. Aber ungeachtet dessen gilt, wer sich harnsäurearm ernährt, also Fleisch, Wurst, Käse und Alkohol möglichst meidet und zudem auf seine Nieren Rücksicht nimmt, hat die besten Chancen, der Gicht zu entkommen.

So hilft Molke

Es gibt Hinweise darauf, dass die basischen Mineralien und weitere Wirkstoffe der Molke in der Lage sind, den Spiegel der schmerzauslösenden Säuren zu senken oder sogar der Bildung dieser Säuren entgegenzuwirken. Die B-Vitamine der Molke, darunter auch die Folsäure, beschleunigen den Abbau der Harnsäuren. Zudem stellt der tägliche Molkegenuss die Versorgung mit allen wichtigen Eiweißen sicher, ohne dass es – wie bei Wurst, Fleisch und Käse – zu einer Überversorgung mit nicht benötigten Eiweißarten kommt.

Therapievorschlag

5-mal täglich 400 ml Molke, dazu
3-mal täglich 1 EL Birkenblätter-, Brennnessel-, Petersilien- oder Wacholderbeersaft.

Harnsteinleiden

Symptome

Anfänglich lassen sich Harnsteinbeschwerden leicht mit Rückenschmerzen verwechseln, die periodisch zu- und abnehmen. Beim Abgang eines Harnsteins kommt es zu ziehenden Schmerzen in der Hüft- und Leistengegend, was wiederum mit einer Reizung des Ischiasnervs verwechselt werden kann.

Ursache

Harnsteine entstehen, wenn Harnsäure, Oxalate und Phosphate im Harn überhand nehmen und in den Hohlräumen von Niere und Blase auskristallisieren. Ebenso wie bei der Gicht wird die Überernährung mit Eiweiß hauptsächlich dafür verantwortlich gemacht. Erbliche Veranlagungen begünstigen die Neigung zur Steinbildung. Eine zu geringe Trinkmenge macht alles verständlicherweise noch dramatischer, da die Kristalle bei hoher Flüssigkeitszufuhr wenigstens teilweise ausgeschwemmt werden, bevor sie zu Steinen verklumpen können. Auch stehen einige Medikamente im Verdacht, ursächlich verantwortlich zu sein; beachten Sie deshalb bitte immer die Beipackzettel der Medikamente, die Sie einnehmen müssen.

Eine ausreichende Flüssigkeitszufuhr über den Tag verteilt ist eine wichtige Maßnahme, um Harnsteinen vorzubeugen.

Wer eine entsprechende Neigung bei sich entdeckt hat, sollte oxalsäurehaltige Nahrungsmittel meiden. Dazu gehören vor allem Kakao, Mangold, Rhabarber, Rote Bete, Tomaten und Spinat.

So hilft Molke

Der tägliche Molketrunk mit 1 bis 1½ l Molke stellt eine ausreichende Durchspülung der Nieren sicher. Somit ist bereits eine Auskristallisation der Säuren in der Niere unwahrscheinlich.

Die basischen Mineralien der Molke bewirken, in Verbindung mit dem Pyridoxin, einem B-Vitamin aus der Molke, einen beschleunigten Abbau von Harnsäure und Oxalsäure. Die Zitronensäure der Molke hemmt die Bildung der Kalziumoxalatsteine.

Therapievorschlag

5-mal täglich 300–400 ml Molke, dazu
3-mal täglich 1 EL Birkenblätter-, Brennnessel-, Petersilien- oder Wacholderbeersaft.

Hauterkrankungen, unreine Haut

Symptome

Die Haut von Menschen mit Verdauungsproblemen wirkt spannungslos, faltig und grau, sie ist darüber hinaus oft mit vielen Pickeln und Mitessern behaftet.

Ursache

Eine ungesunde Ernährung – arm an Frischkost, mit viel tierischem Eiweiß, minderwertigen Fetten und Genussmitteln – überfordert das Entgiftungssystem unseres Körpers. Ist der Darm geschwächt, läuft die Entgiftung über die Haut. Wir können also die Ernährung bei vielen Zeitgenossen buchstäblich an ihrem Gesicht ablesen.

So hilft Molke

Eine gesunde Darmflora, geregelter Stuhlgang und reine Haut stehen in enger Beziehung zueinander. Molke, besonders in Verbindung mit einer Fastenkur oder einer langfristigen Anwendung, schafft die Basis für einen gesunden Darm, unterstützt alle Organe bei ihrer Entgiftungsarbeit und liefert zudem noch viele Nährstoffe für die Haut. Besonders in der ersten Zeit, wenn die innere Reinigung noch nicht abgeschlossen ist, können die Molkerezepte durch die direkte Anwendung auf der Haut ihren Gesundungsprozess beschleunigen.

Einläufe, Kompressen und Bäder mit Molke unterstützen die Wirkung der Molke-Trinkkur, indem sie die Ausscheidung der Giftstoffe über Haut und Darm beschleunigen.

Therapievorschlag

5-mal täglich 200–300 ml Molke, dazu
3-mal täglich 1 EL Birkenblätter-, Brennnessel-, Artischocken-, Sanddorn- oder Zinnkrautsaft.

Begleittherapie

Kompressen, Einläufe, Bäder mit Molke; keine Dekorationskosmetik (Make up u. ä.) auftragen.

Konzentrationsschwäche

Symptome

Trotz heftigster Anstrengung gelingt es dem Betroffenen nicht, seine Gedanken bei einer Sache zu halten; wie in einem »Gedankenkreisel« wandern sie ständig hin und her.

Ursache

Unterversorgung mit Vitaminen, Mineralien, Spurenelementen, Eiweißen und Enzymen oder eine geschädigte Darmflora, welche die ausreichende Aufnahme dieser Stoffe durch den Darm hemmt. Eine gestörte Hirndurchblutung, Stress und psychische Probleme kommen ebenfalls als Ursachen vor. Nicht selten treffen alle diese Ursachen gemeinsam auf eine Person zu.

So hilft Molke

Die Komplexität der Molkeinhaltsstoffe stellt eine optimale Gehirnnahrung dar. Milchsäure und Zitronensäure aus der Molke verbessern die Durchblutung und schließen die Nahrung optimal auf. Einläufe mit Molke unterstützen die Wirkung der Molke-Trinkkur, indem sie den gesamten Organismus entgiften und die Gehirnfunktion anregen.

Neben dem Standardprogramm der Trinkkur ist es wichtig, ausreichende Ruhephasen mit kurzen, kleinen Arbeitseinheiten abzuwechseln, bis die Konzentration wieder über längere Zeit gelingt.

Therapievorschlag *5-mal täglich 200–300 ml Molke, dazu*
3-mal täglich 1 EL Rosmarin-, Knoblauch- oder Weißdornsaft.

Begleittherapie Gedächtnistraining, Sport und viel Bewegung in frischer Luft, Gesichtsguss, Molke-Bleibeklistier.

Krebserkrankungen

Symptome Ungewollte und rasche Gewichtsabnahme über 10 % des Körpergewichts. Hautflecken oder Muttermale, die ständig größer werden, eventuell auch schmerzen oder jucken, schorfige Krusten oder Geschwüre, die nicht innerhalb von vier Wochen abheilen, Knoten oder Schwellungen unter der Haut. Weiße Beläge auf der Mundschleimhaut, die sich nicht entfernen lassen, chronische Schluckbeschwerden, andauernde Heiserkeit, länger anhaltender Husten, Husten mit blutigem Auswurf. Veränderungen der Stuhlkonsistenz mit roter oder schwarzer Verfärbung, Blut im Urin, Zwischenblutungen nach der Menopause.

Ursache Krebszellen sind entartete Körperzellen und deshalb von unserem Abwehrsystem nicht leicht in ihrer Bedrohlichkeit zu erkennen. Strahlen, Viren, chemische Substanzen oder auch die bereits erwähnten Freien Radikale können die entsprechenden genetischen Veränderungen in unseren Körperzellen auslösen, die zur Umwandlung gesunder Zellen in eine Krebszelle erforderlich sind. Sind diese genetischen Veränderungen erst einmal vorhanden, so können bereits weniger gefährliche Stoffe, wie zum Beispiel tierische Fette und Alkohol, die Zellvermehrung zusätzlich beschleunigen.

So hilft Molke

Um in unserem Darm die Oberhand zu behalten, sondern die für unseren Körper vorteilhaften und von der Molke unterstützten Darmbakterien hemmende Stoffe ab, die auch krebswidrig wirken können. Zudem fördert die gesunde Darmflora die Aufnahme krebshemmender Vitalstoffe aus der Nahrung und produziert selbst einige Vitamine und Enzyme, die ebenfalls krebsfeindlich wirken, wie neuere Forschungen vermuten lassen.

Bei einem Überwiegen der günstigen Darmbakterien wird die Bildung so genannter fäkaler Enzyme gebremst. Diese gelten als die Hauptauslöser zahlreicher Tumorarten. Molkeeiweiß, Milchsäure und Zitronensäure halten unser Abwehrsystem vital und schlagkräftig.

Natürlich können diese Krankheitszeichen auch bei anderen Erkrankungen auftreten. Deshalb gilt auf jeden Fall, für eine genaue Diagnose die Beschwerden vom Arzt abklären zu lassen.

Therapievorschlag

5-mal täglich 200–300 ml Molke, dazu
3-mal täglich 1 EL Mistel-, Johanniskraut- oder Melissensaft.

Magenschleimhautentzündung

Symptome

Sodbrennen, Völlegefühl bei leerem Magen, Aufstoßen, eventuell verbunden mit Appetitlosigkeit, können Anfangszeichen sein. Schmerzen im Oberbauch bei Nahrungsaufnahme, Magenkrämpfe, Blähungen, Durchfall oder Verstopfung weisen bereits auf einen ernst zu nehmenden Zustand hin. Häufig besteht in diesem Fall nach stärkerem Alkoholgenuss auch die Neigung zum Erbrechen.

Ursache

Magenwände, Immunsystem und Psyche stehen in einer engen nervlichen Verbindung. Stress durch eine vermeintliche oder aber

Sauer macht (nicht immer) lustig

Meiden Sie alles, was Ihre empfindliche Magenschleimhaut unnötig belastet, wie Wurst und Fleischwaren mit Nitritpökelsalz, ebenso scharf gebratene, gegrillte und geräucherte Fleischwaren. Frittierte Speisen und konzentrierte Milchfette, wie wir sie in Sahne, Buttercreme und Käse finden, reizen die Magenschleimhäute ebenfalls zu einem vermehrten Säureausstoß.
Scharfe Gewürze und die Säuren von Zitrusfrüchten können dagegen, wenn sie in einer reizfreien Phase dosiert angewendet werden, die Magenschleimhäute sogar widerstandsfähiger machen.

Molke und Kefir wurden bereits vor 100 Jahren mit großem Erfolg zur Therapie von Magenschleimhautentzündungen eingesetzt.

reale berufliche Überforderung, Geborgenheitsverluste und unverarbeitete Aggressionen machen unsere Magenschleimhäute anfällig für Helicobacter pylorii, ein Bakterium, das sich in den Magenschleimhäuten der meisten Menschen eingenistet hat. Der Versuch unseres Körpers, sich dieses säureunempfindlichen Bakteriums durch vermehrten Ausstoß von Salzsäure zu entledigen, führt zur Schädigung der Magenschleimhäute – bis hin zum Magengeschwür.

So hilft Molke

Molke bindet überschüssige Magensäure, ohne, wie die meisten chemischen Säurebinder, gleichzeitig einen erneuten Säureschub durch die Drüsen der Magenschleimhaut auszulösen. Dabei spielen die basischen Mineralanteile und die in der Molke enthaltene Milch- und Zitronensäure eine wesentliche Rolle. Die rechtsdrehenden Milchsäurebakterien der Molke – so belegen es aktuelle Untersuchungen aus der Universität Dresden – bekämpfen wirksam das Helicobacter pylorii-Bakterium.

Therapievorschlag

5-mal täglich 200–300 ml Molke, dazu
3-mal täglich 1 EL Melisse-, Weißkohl- oder Papayasaft.

Begleittherapie

Molkebäder; Stressabbau durch bewährte Entspannungsmethoden wie Autogenes Training oder Yoga, eventuell sollte sogar ein Wechsel des Arbeitsplatzes in Erwägung gezogen werden.

Osteoporose

Symptome

Osteoporose ist eine sich schleichend entwickelnde Krankheit. Nicht selten wird sie erst entdeckt, wenn ein spontaner Knochenbruch bei einer kleinen zusätzlichen Belastung auftritt.

Ursache

Störung im Knochenstoffwechsel. Vor allem in den Wechseljahren der Frau und bei mangelnder Bewegung kommt es zu einer erhöhten Kalziumausscheidung, dabei werden die Knochen entmineralisiert. Ist der Körper übersäuert, steigert sich der Krankheitsverlauf, Verkrümmungen und Spontanfrakturen sind die Folge.

In der Naturheilkunde sind pflanzliche Hormone bekannt, die vergleichbare Wirkungen wie die chemischen Präparate haben. Ihre Anwendung bedarf jedoch großer Erfahrung seitens des Behandlers, da die Mittel von Mensch zu Mensch sehr unterschiedlich wirken.

Auch für die Entstehung von Osteoporose gilt: Wer rastet der rostet! Ausreichende Bewegung kann einer Entstehung vorbeugen.

So hilft Molke

Der Kalziumgehalt von 1½ l Molke deckt den Tagesbedarf eines Erwachsenen bereits vollständig ab. Milchsäuren und Zitronensäuren aus der Molke erleichtern die Resorption des Kalziums und erhöhen die Durchlässigkeit der Zellmembranen. Molke regt ferner die Phosphatausscheidung an. Befinden sich in unserem Körper zu viele Phosphorsalze, kommt es zu einer Blockade der Kalziumaufnahme aus dem Darm. Einläufe mit Molke beschleunigen den Aufbau einer gesunden Darmflora.

Therapievorschlag

5-mal täglich 200–300 ml Molke, dazu 3-mal täglich 1 EL Birkenblätter-, Brennnessel-, Weißkohl- oder Zinnkrautsaft.

Begleittherapie

Sich viel und intensiv bewegen, überwiegend Rohkost, Ausdauersportarten wie Schwimmen, Laufen, Radfahren, Wandern.

Osteoporose – Auf die Dichte kommt es an

Zur Gesunderhaltung brauchen unsere Knochen Belastung durch Bewegung, Vitamin D und eine kalziumreiche Ernährung, die den Körper wenig belastet, zum Beispiel Molke.

Die momentan sicherste Lösung zur Beurteilung der Knochendichte ist das Messgerät Osteospace der russischen Astronauten. Astronauten leiden, trotz optimaler Ernährung, nach drei Monaten Aufenthalt im Weltraum unter einer deutlichen Entkalkung der Knochen. Mit Hilfe des Osteospace konnte auch belegt werden, dass vor allem körperliche Bewegung den Aufbau der Knochensubstanz fördert. Das Gerät wird inzwischen an mehreren deutschen Universitätskliniken eingesetzt.

Einen direkten Einblick in den Knochenstoffwechsel erlauben so genannte Biomarker. Sie ermöglichen es, den Auf- und Abbau von Stoffen im Körpern genau zu beobachten.

Rheumatische Beschwerden

Ursache

Rheumatismus (Polyarthritis) ist ein allgemeiner Begriff, der für eine Vielzahl von Beschwerden an Muskeln, Sehnen, Bändern, Gelenken, Schleimbeuteln und anderen Teilen des menschlichen Bewegungsapparates gebraucht wird.

Über die wirklichen Ursachen dieser Erkrankung ist noch wenig bekannt. Zur Zeit vermutet man, dass es sich um eine Autoimmunkrankheit handelt. Als weniger aktuell gilt die Ansicht, dass es sich bei Rheuma um eine durch eine Bakterienart hervorgerufene Erkrankung handeln könnte. Eine allergische Reaktion auf bestimmte Nahrungsmittel wird ebenfalls als Auslöser vermutet. Die diesbezügliche Untersuchung und das Meiden als ungünstig getesteter Stoffe hat den Patienten schon in vielen Fällen eine deutliche Erleichterung ihrer Beschwerden gebracht.

So hilft Molke

Molke wirkt immunmodulierend. Ihre bakteriostatische Wirkung blockt die Besiedelung von Krankheitserregern auf der Darmflora ab und stellt zudem sicher, dass durch erhöhte Ausscheidung von Giftstoffen die Belastung geringer wird.

Sollte es bei der Molke-Trinkkur zu Erstverschlimmerungen kommen, ziehen Sie einen Arzt oder Heilpraktiker zu Rate, um sicher zu gehen, dass es sich nicht um einen allergischen Schub handelt. Ansonsten legen sich die Symptome nach kurzer Zeit wieder, und der Heilungsprozess beginnt.

Therapievorschlag

5-mal täglich 200–300 ml Molke, dazu
3-mal täglich 1 EL Birkenblätter-, Brennnessel-, Schafgarben-, Mistel- oder Selleriesaft.

Sodbrennen

Symptome

Ein brennendes Gefühl hinter dem Brustbein weist darauf hin, dass Magensäure in die Speiseröhre gelangt ist. Wenn sich, auf Grund zu hoher Säureproduktion des Magens, Gase bilden, drücken diese den Ringmuskel des Magenpförtners auf, in diesem Moment gelangt häufig gleichzeitig Magensäure mit zurück in die Speiseröhre. Man spricht dann vom sauren Aufstoßen.

Ursache

Natürlich kann einfach der Ringmuskel am Ende der Speiseröhre zu schwach sein, man spricht dann von der Refluxkrankheit. In den

Fruchtsäuren wirken bei vielen Menschen anregend auf die Magensäureproduktion.

meisten Fällen wird der Magen jedoch mit säurelockenden Stoffen überhäuft. Welche Stoffe dies im einzelnen Fall sind, kann individuell sehr unterschiedlich sein.

Vermehrte Magensäurebildung wird ausgelöst durch Bitterstoffe und Gerbsäuren enthaltende Heil- und Gemüsepflanzen, eiweißreiche und fette Speisen, wie Fleischwaren und Käse, Fleischbrühen und Fondues, aber auch durch Kaffee und Limonaden.

So hilft Molke

Molke gehört, trotz ihres Anteils an Milch- und Zitronensäuren, zu den basischen, also Säure puffernden Lebensmitteln. Sie regt außerdem die Produktion weiterer wichtiger Magenenzyme an. Dadurch muss weniger Magensäure ausgeschüttet werden, die hauptsächlich für das unangenehme Brennen verantwortlich ist.

Legen Sie sich nach dem Essen mit erhöhtem Oberkörper hin, so ist der Druck auf den Speiseröhrenschließmuskel geringer.

Wenn Sie unter Sodbrennen leiden, sollten Sie während des Essens ein Glas Molke trinken – ebenso, wenn sich zwischen den Mahlzeiten Sodbrennen einstellt. Wer häufig unter Sodbrennen leidet, sollte große Mahlzeiten, die immer auch große Säuremengen zur Verdauung erfordern, vermeiden.

Therapievorschlag

5-mal täglich 200–300 ml Molke, dazu
3-mal täglich 1 EL Melissen- oder Weißkohlsaft.

Begleittherapie

Ferner hat sich Kartoffelsaft bewährt, jedoch nur in Mengen bis zu 0,1 l pro Tag, denn dieser Saft enthält Stoffe, die in höherer Dosierung sehr schwer verdaulich sind.

Zellulite

Symptome

Der volkstümliche Name »Orangenhaut« weist bereits auf das Aussehen der an Zellulite erkrankten Haut hin. An Oberschenkeln und Po, an Bauch und Armen ist die Haut durch Einziehungen und Aufquellungen gekennzeichnet.

Ursache

Ursache ist eine nicht entzündliche Rückbildung der leimbildenden und elastischen Fasern der Bindegewebsschichten unter der Haut. Die weibliche Hormonstruktur ist dafür verantwortlich, dass vor allem Frauen betroffen sind. Während sich unter der Haut die Fettzellen bis um das Zehnfache vergrößern können und somit viel Wasser einlagern, werden der Haut wichtige Nährstoffe und Sauerstoff vorenthalten.

»Zellulitis« weist mit der Endung »itis« auf eine Entzündung hin, was aber nicht stimmt.

So hilft Molke

Gegen die Neigung zu Zellulite selbst ist kein Kraut gewachsen. Molke ist jedoch in der Lage, Ihren Organismus beim Fett- und Wasserabbau zu unterstützen. Dabei verbessern sich die Ernährung und die Elastizität der Haut.

Therapievorschlag

5-mal täglich 200–300 ml Molke, dazu
3-mal täglich 1 EL Birkenblätter-, Brennnessel-, Sellerie- oder Zinnkrautsaft.

Begleittherapie

Bürstungen, Abklatschungen, Güsse, fettarme Kost, Rohkost.

Die entwässernde Wirkung der Brennnessel unterstützt die Wirkung der Molke bei Zellulite.

Abnehmen und Entschlacken mit der 14-Tage-Molkekur

Ihre vielen wertvollen Inhaltsstoffe in Verbindung mit einem sehr niedrigen Fett- und Kaloriengehalt machen die Molke zu einem idealen Diätbegleiter. Wenn Sie Ihrem Körper etwas Gutes tun wollen und ihn von lästigen Schlackenstoffen befreien möchten, sollten Sie unsere 14-Tage-Molkekur probieren. Tagsüber können Sie ganz nach Geschmack aus verschiedenen Molkedrinks wählen und zur Belohnung gibt's am Abend sogar ein richtiges Abendessen. Der Erfolg kann sich sehen lassen: Nach diesen 14 Tagen werden Sie sich viel wohler und vitaler fühlen – und ganz nebenbei haben Sie auch noch Ihr Gewicht reduziert.

Schrittweise schlank mit Molke

Wenn Sie eine Molkekur durchführen möchten, so kann man sagen, dass ein Zeitraum von 14 Tagen für eine Kur ideal ist. Alles was länger dauert, sollte nicht ohne die Beaufsichtigung und Genehmigung eines Arztes oder Heilpraktikers erfolgen. Eine Kur oder strenge Diät, die länger als zwei Wochen dauert, ruft oft gravierende Veränderungen im Körper hervor. Dabei kann es durch die zu diesem Zeitpunkt einsetzende Rückvergiftung aus den Körperschlacken zu Heilungskrisen kommen, die nur ein erfahrener Behandler zu beherrschen weiß.

Beginnen Sie doch einfach einmal mit einem Molketag, um zu erleben, wie einfach Kaloriensparen mit Molke geht. Sie werden erstaunt sein, wie viel fitter Sie sich bereits am ersten Abend fühlen!

Risikoloser durchzuführen und auf die Dauer ebenso wirkungsvoll ist natürlich eine allmähliche aber andauernde Kostumstellung auf eine gesündere, vitalstoffreichere Nahrung. Dadurch wird Ihr Körper – ohne größere Probleme – in eine zunehmend gesteigerte Leistungsfähigkeit und ein Wohlbefinden »hineingleiten«, wie Sie es vielleicht zum letzten Mal in Ihrer Jugend erlebt haben.

Wenn die gesundheitlichen Wirkungen auch noch nicht so überzeugend sein werden, erreichen Sie eine günstige Gewichtsreduktion bereits bei einer Kur ab drei Tagen.

Wie Sie die Molkekur durchführen

Die Molkekur ist denkbar einfach in der Durchführung und kann daher sogar von Berufstätigen problemlos bewältigt werden. Neben der Molke stehen Ihnen reichlich frisches Obst und Gemüse sowie eine leichte Abendmahlzeit zur Verfügung. Auf diese Weise kommt kein Hunger auf, und den lästigen Heißhunger auf Süßigkeiten oder anderes können wir mit den Molkedrinks und leckerem Obst gut in Schach halten.

Ziel einer Molkekur ist nicht nur die Gewichtsabnahme, sondern eine Vitalisierung aller Körperfunktionen. Alle Organe Ihres Körpers werden von der im Folgenden beschriebenen Kur profitieren; zudem werden Sie sich froher und freier fühlen, dem Leben viel positive Seiten abgewinnen. Dazu trägt auch die Verschiebung des gesamten Körperhaushaltes in den basischen Bereich mit bei.

Gesunde Ernährung führt dazu, dass der Körper erst gar nicht so leicht erkrankt.

Die ausschließlich basischen Molkegetränke und der hohe Anteil an basischer Frischkost sollten ohnehin zu unserer täglichen Nahrung werden und nicht lediglich einigen Kurwochen im Jahr vorbehalten bleiben.

Rotbuschtee und andere »Nothelfer«

Während einer Reduktionsdiät hat sich vor allem der afrikanische Rooibos- oder Rotbuschtee bewährt. Durch seinen fruchtigen Geschmack stillt der Tee nahezu kalorienfrei die Lust nach Süßem. Zudem hat er eine Vielzahl gesundheitlich wertvoller Wirkungen, die bei unserer Molkekur eine große Hilfe sein können. Er wirkt antidepressiv, entgiftend, durchblutungsfördernd, allergiehem-

Die Praxis der Molkekur

1. Trinken Sie täglich 1½ l reine Flüssigmolke oder Molke, die Sie aus insgesamt ca. 100–125 g (ca. 12 gehäuften TL) Molkepulver zubereitet haben.
2. Ebenso steht Ihnen die Möglichkeit der Kombination mit den von uns in Kapitel 3 (ab Seite 51) vorgeschlagenen Frischpflanzensäften sowie einem der empfohlenen Heilwässer zur Verfügung.
3. Natürlich sind auch unsere Molkedrinks mit Frucht- und Gemüsesäften ideal geeignet. Deshalb haben wir die jeweilige Kalorienmenge angegeben.
4. Unser Molkejoghurt und der Molkekefir sind wegen ihrer sättigenden Wirkung die Renner gegen Hungerattacken. Und das bei noch nicht einmal 50 kcal pro Trinkglas! Sie können sie mit den Frucht- und Gemüsesäften verdünnen, die wir Ihnen in diesem Kapitel ab Seite 108 vorstellen.
Wenn Sie in den ersten Tagen der Kur unter Hunger leiden, so greifen Sie auf die stärker sättigenden Molkevarianten Molkejoghurt und Molkekefir zurück. Da die Zubereitung jeweils ca. 10 Stunden dauert, genügt es, am Abend 0,75 l probiotischen Molkejoghurt und am Morgen 0,75 l probiotischen Molkekefir anzusetzen. Geben Sie jeweils 6 TL Molke zu. Unsere Erfahrung hat gezeigt, dass die zusätzlichen probiotischen Kulturen diese Kur sogar noch wirkungsvoller machen, als die Kur mit Molke ohne diese Zusätze ist.
5. Achten Sie auf eine ausreichende Flüssigkeitszufuhr – 2–3 Liter am Tag sollen es schon sein. Ergänzen Sie den täglichen Flüssigkeitsbedarf mit Heilwasser, Mineralwasser, verdünnten Frucht- und Gemüsesäften ohne Molkezugabe oder Kräutertees.

An Stelle des selbst zubereiteten Molkejoghurts können Sie auch einem handelsüblichen probiotischen Magerjoghurt (125 ml) 100 g Molkepulver zugeben und diesen mit Wasser auf Ihre Tagesration von 1–1½ l auffüllen. Sie erhalten ein optimales Basisgetränk für Ihre Molkekur.

mend, krampflösend und entzündungswidrig auf die Schleimhäute im gesamten Verdauungstrakt. Ohne Coffein oder andere Reizstoffe zu enthalten, belebt er und fördert trotzdem zu gegebener Zeit die Schlafbereitschaft.

Hunger ist der größte Feind jeder Gewichtsreduktion – sobald Ihnen der Magen knurrt oder Sie sich mit Gewalt von etwas Essbarem fernhalten müssen, ist der Kampf gegen die Pfunde bereits verloren. In diesem Moment beginnt Ihr Körper nämlich, seinen Notstoffwechsel einzuschalten. Dies bedeutet zu diesem Zeitpunkt nicht etwa Rückgriff auf die Fettdepots und den erwünschten Abbau, sondern intensivere Ausnutzung der angebotenen Nahrungsmittel, einschließlich vermehrter Aufnahme der Gift- und Schadstoffe aus der Nahrung, die sonst von den Darmbakterien zurückgehalten worden wären.

Der Rotbuschtee ist in vielen Geschmacksvariationen erhältlich. Aufgrund seines fruchtig-süßen Geschmacks können Sie auf zusätzliches Süßen verzichten.

Mit den »Nothelfern« den Hunger überlisten

Nachfolgend finden Sie die Liste unserer bewährten »Nothelfer« gegen den Hunger. Es handelt sich dabei um Lebensmittel, die sättigen, zugleich jedoch extrem kalorienarm sind. Von diesen »Nothelfern« dürfen Sie während Ihrer Kur nahezu unbegrenzt essen. Die Grenze ist lediglich darin zu sehen, dass Sie nach dem Essen einer Menge von maximal 200 Gramm Pausen von ca. 20 Minuten einlegen sollten. Dies ist sehr wichtig, um abzuwarten, bis Ihr langsam arbeitendes Sättigungszentrum die Nahrungsaufnahme bemerkt hat und das Signal »Stop – ich bin satt« senden kann. Ihr Magen kann somit während der Kur wieder auf seine natürliche Faustgröße schrumpfen. Nehmen Sie zu große Mengen auf einmal zu sich – selbst, wenn es sich dabei um kalorienarme Kost handelt – würde das Schrumpfen des Magens verhindert werden.

Die wieder normalisierte Magengröße ist ein wichtiger Garant für die Stabilisation Ihres Gewichtes nach der Kur. Eine Normali-

Frisches Obst und Gemüse liefern Vitamine, Mineral- und Ballaststoffe »satt« – und sind sicherlich mehr als nur »Nothelfer«.

sierung der Magengröße und damit Reduzierung des Hungergefühls kann man aber nur durch fünf bis sieben kleinere Mahlzeiten täglich erreichen. Dem Magen schadet dies in keinster Weise – eher schützt es seine Schleimhäute vor der nie ganz versiegenden Salzsäureproduktion.

Ebenso wie der Darm ist auch unser Magen auf ständige Arbeit eingerichtet. Die nächtlich Pause reicht ihm völlig zur Regeneration. Große Nahrungsmengen irritieren nicht nur zunehmend das Sättigungsempfinden, sie trainieren den Magen auch auf Höchstleistungen in puncto Verdauungssaftproduktion, die dann anhaltend auf einem höheren Niveau stehen bleibt und zusätzlich Hungersignale sendet.

Die »Nothelfer« – wenn der große Hunger kommt

Mit den folgenden Lebensmitteln können Sie Ihren knurrenden Magen mit weniger als 50 Kalorien pro 100 Gramm bedenkenlos zufriedenstellen.

Je 100 g Obst		Je 100 g Gemüse	
Apfel	(ca. 44 kcal)	Eisbergsalat	(ca. 13 kcal)
Clementine	(ca. 32 kcal)	Essiggurken	(ca. 19 kcal)
Erdbeeren	(ca. 32 kcal)	Karotten	(ca. 28 kcal)
Grapefruit	(ca. 27 kcal)	Kohlrabi	(ca. 26 kcal)
Himbeeren	(ca. 34 kcal)	Paprika gelb	(ca. 29 kcal)
Johannisbeeren		Paprika grün	(ca. 21 kcal)
rot	(ca. 44 kcal)	Paprika rot	(ca. 29 kcal)
weiß	(ca. 37 kcal)	Radieschen	(ca. 17 kcal)
Mandarinen	(ca. 30 kcal)	Salatgurke	(ca. 10 kcal)
Mango	(ca. 49 kcal)	Tomate	(ca. 19 kcal)
Orange	(ca. 35 kcal)	Topinambur	(ca. 32 kcal)
Pfirsich	(ca. 39 kcal)		
Wassermelone	(ca. 25 kcal)		
Zuckermelone	(ca. 31 kcal)		

Sollte Ihnen das Obst und Gemüse »pur« zwischendurch einmal zu langweilig schmecken, kann der selbst gemachte Molkefrischkäse oder ein mild gewürzter Magerquark als Dipp Abwechslung schaffen.

Auch eine Scheibe Ballaststoffbrot mit ca. 100 kcal ist vertretbar. Es sättigt erfahrungsgemäß mehr als ein Knäckebrot.

An solchen gesunden Lebensmitteln können Sie sich bedenkenlos satt essen.

Die 14 Abendessen-Varianten – Wenn abends der große Hunger kommt

Mit den Molkedrinks und den »Nothelfern« wird Ihr Tag sicherlich ohne größere Hungerprobleme verstreichen. Das Hauptproblem stellt erfahrungsgemäß immer der Abend dar. Wenn man endlich zur Ruhe kommt und Zeit hat, ans Essen zu denken, dann wird der Verzicht auf die gewohnten Genüsse umso schwerer.

Aus diesem Grund haben wir bei dieser Kur die Hauptmahlzeit auf den Abend verlegt. Die leichten Abendessen verhelfen Ihnen zu einem Gefühl echter Sättigung und ermöglichen einem tiefen, erholsamen Schlaf, ohne den Körper zu belasten.

Für diese 14 Kurtage haben wir Ihnen verschiedene Abendbrotvarianten aufgeführt, unter denen Sie ganz nach Geschmack wählen können. Die Kalorienanzahl ist bei jedem Gericht in etwa gleich, sodass es keinen Unterschied macht, für welche Variante Sie sich entscheiden.

Jeder, der schon einmal eine Diät gemacht hat, weiß um das große Problem des abendlichen oder sogar nächtlichen Hungers.

Durch die Brennwertangaben können Sie sich ein Bild von geeigneten und weniger geeigneten Zutaten machen. So lernen Sie schnell die wirklichen Figurfeinde kennen und können diese gegen gesündere Lebensmittel austauschen.

Variante 1

Leckeres Schinken-Sandwich

Sie benötigen

1 Scheibe Vollkornbrot (ca. 87 kcal)
1 TL Halbfettbutter (ca. 25 kcal)
½ TL Senf (ca. 2 kcal)
2 Salatblätter
1 Scheibe magerer Schinken, etwa 30 g (ca. 85 kcal)
1 Scheibe Rotttaler Käse, 18 % Fett absolut (ca. 92 kcal)
1 EL Alfalfa-Sprossen (ca. 5 kcal)
1 TL frische Petersilie (ca. 3 Kalorien)

So wird's gemacht

1. Das Brot mit der Butter und dem Senf bestreichen. Die gewaschenen Salatblätter sowie den Schinken und Käse darauf legen.
2. Das Sandwich mit den Alfalfa-Sprossen und der gewaschenen und fein gehackten Petersilie garnieren.

Putenschnitzel mit buntem Salat

Variante 2

Sie benötigen

2 EL Zitronensaft
Salz, Pfeffer
150 g Putenschnitzel (ca. 179 kcal)
1 Tomate (ca. 23 kcal)
1 Zwiebel (ca. 16 kcal)
½ Salatgurke (ca. 20 kcal)
5 Blätter Eisbergsalat (ca. 5 kcal)
1 TL Sonnenblumenöl (ca. 45 kcal)
2 EL Balsamicoessig (ca. 8 kcal)
2 EL Wasser
10 g frisches Basilikum (ca. 4 kcal)
1 EL frische Petersilie (ca. 5 kcal)

So wird's gemacht

1. Den Zitronensaft mit dem Salz und dem Pfeffer verrühren. Das Putenschnitzel darin einlegen und ca. 30 Minuten ziehen lassen.
2. In der Zwischenzeit die Tomate waschen und den Stielansatz entfernen, das Fruchtfleisch in dünne Scheiben schneiden. Leicht salzen und den Saft ziehen lassen. Die Zwiebel abziehen und in feine Ringe schneiden und über die Tomate verteilen. Die Gurke schälen und in feine Scheiben hobeln. Salatblätter waschen und mundgerecht zerkleinern. Gurke und Salatblätter zu den Tomaten geben.
3. Aus den restlichen Zutaten die Marinade herstellen, über den Salat gießen und ziehen lassen.
4. Das Schnitzel ohne Fett in einer beschichteten Pfanne auf beiden Seiten goldbraun braten. Den Salat dazu servieren.

Variante 3

Pellkartoffeln mit Molkefrischkäse

Sie benötigen

150 g Pellkartoffeln (ca. 125 kcal)
1 Zwiebel (ca. 16 kcal)
1 Knoblauchzehe (ca. 6 kcal)
300 g probiotischer Molkefrischkäse (ca. 170 kcal)
1 EL Schnittlauch (ca. 5 kcal)
1 EL Petersilie (ca. 5 kcal)
Selleriesalz
1 EL Buchweizenkeimlinge (ca. 5 kcal)

So wird's gemacht

1. Die Kartoffeln waschen und mit wenig Wasser dünsten.
2. Inzwischen die Zwiebel und den Knoblauch abziehen und in kleine Würfel schneiden. Mit dem probiotischen Molkefrischkäse, der bei unserer selbst gemachten Trinkmolke anfällt (siehe ab Seite 40), und den Kräutern verrühren. Mit wenig Selleriesalz abschmecken.
3. Den Kräuterkäse mit den Buchweizenkeimlingen bestreuen und zu den Kartoffeln servieren.

Variante 4

Raffinierte Ananascreme

Sie benötigen

200 g frische Ananas (ca. 60 kcal)
300 g probiotischer Molkefrischkäse (ca. 170 kcal)
Süßstoff nach Geschmack
1 EL Weizenkleie (ca. 20 kcal)
1 EL Sonnenblumenkerne (ca. 118 kcal)

So wird's gemacht

1. Die Ananas in kleine Stücke schneiden und unter den Frischkäse rühren. Nach Geschmack mit etwas Süßstoff abschmecken. Die Weizenkleie einrühren und die Ananascreme mit den Sonnenblumenkernen garnieren.

Eine richtige Brotzeit

Variante 5

Sie benötigen

2 Putenwiener, je 50 g (ca. 175 kcal)
2 Scheiben Knäckebrot (ca. 70 kcal)
2 TL Halbfettbutter (ca. 50 kcal)
2 TL mittelscharfer Senf (ca. 8 kcal)

So wird's gemacht

1. Die Würstchen im Wasserbad erwärmen. Inzwischen das Knäckebrot mit der Butter bestreichen. Die heißen Wiener mit dem gebuttertem Knäckebrot und Senf servieren.

Molkefrischkäse auf Vollkornbrot

Variante 6

Sie benötigen

1 Scheibe Vollkornbrot (ca. 87 kcal)
30 g probiotischen Molkefrischkäse (ca. 17 kcal)
1 hart gekochtes Ei (ca. 100 kcal)
1 EL frische Kresse (ca. 5 kcal)
2 Tomaten (ca. 46 kcal)

So wird's gemacht

1. Das Brot mit dem Frischkäse bestreichen. Das Ei in Scheiben schneiden und auf das Frischkäsebrot legen. Mit der Kresse bestreuen.
2. Die Tomaten waschen und die Stielansätze entfernen. Das Fruchtfleisch in Scheiben oder Viertel schneiden und zu dem Brot servieren.

Fenchel-Kartoffelsalat mit Molkedressing

Variante 7

Sie benötigen

1 Fenchelknolle (ca. 20 kcal)
1 gelbe Paprikaschote (ca. 44 kcal)
150 g gekochte Kartoffeln (ca. 125 kcal)
1 Tomate (ca. 23 kcal)

Für das Dressing
150 g probiotischer Molkefrischkäse (ca. 85 kcal)
1 TL Zitronensaft
½ TL Senf (ca. 2 kcal)
Salz, Pfeffer
1 EL frische Petersilie (ca. 5 kcal)

So wird's gemacht

1. Die Fenchelknolle waschen, halbieren und den Strunk entfernen. Die Fenchelhälften in feine Streifen schneiden. Die Paprikaschote ebenfalls waschen und halbieren, die Kerne entfernen und die Paprikahälften in kleine Würfel schneiden. Die gekochten Kartoffeln (können vom Vortag sein) in gleichmäßige Scheiben schneiden. Die Tomate waschen, den Stielansatz entfernen und das Fruchtfleisch achteln.
2. Für das Dressing den Molkefrischkäse mit dem Zitronensaft und dem Senf gründlich verrühren. Nach Geschmack mit Salz und Pfeffer würzen.
3. Das vorbereitete Gemüse und die Kartoffeln in eine Schüssel geben und mit dem Dressing verrühren, salzen und pfeffern. Mit der frischen Petersilie garnieren.

Variante 8

Bunter Reissalat

Sie benötigen

je ½ rote und grüne Paprikaschote (ca. 44 kcal)
50 g Mais aus der Dose (ca. 55 kcal)
2 Essiggurken (ca. 20 kcal)
60 g gekochter Vollkornreis (ca. 65 kcal)
1 EL Balsamicoessig (ca. 4 kcal)
1 EL Sonnenblumenöl (ca. 90 kcal)
1 EL Wasser
Salz, Pfeffer
1 EL frische Kräuter nach Wahl (ca. 5 kcal)

So wird's gemacht

1. Die halben Paprikaschoten waschen und die Kerne entfernen. Die Paprikahälften in dünne Streifen schneiden. Den Mais abtropfen lassen, die Essiggurken in feine Würfel schneiden.
2. Den erkalteten Reis mit dem zerkleinerten Gemüse mischen. Essig, Öl und Wasser dazugeben und verrühren. Den Salat mit Salz und Pfeffer abschmecken, zuletzt die Kräuter darüber streuen.

Vollkornbrot mit Corned Beef

Variante 9

Sie benötigen

1 Scheibe Vollkornbrot (ca. 87 kcal)
1 TL Halbfettbutter (ca. 25 kcal)
3 Scheiben Corned Beef, etwa 70 g (ca. 99 kcal)
1 hart gekochtes Ei (ca. 100 kcal)
1 EL Kresse (ca. 5 kcal)

So wird's gemacht

1. Das Brot mit der Halbfettbutter bestreichen und mit dem Corned Beef belegen. Das Ei in Scheiben schneiden. Das Brot mit dem Ei und der frischen Kresse garnieren.

Ballaststoff-Spätzle

Variante 10

Sie benötigen

70 g Vollkornspätzle ohne Ei (Rohgewicht) (ca. 235 kcal)
300 g Sauerkraut (ca. 51 kcal)
4 EL Gemüsebrühe
Salz, Pfeffer

So wird's gemacht

1. Die Vollkornspätzle in reichlich Salzwasser gar kochen.
2. Inzwischen das Sauerkraut mit einer Gabel zerpflücken. Die Gemüsebrühe erhitzen und das Sauerkraut darin einige Minuten bei mittlerer Hitze dünsten.
3. Die garen und abgetropften Spätzle zu dem Kraut geben, alles gut durchmischen und mit Salz und Pfeffer abschmecken.

Variante 11 Vollkornbrot mit Avocado

Sie benötigen

½ Avocado (ca. 106 kcal)
1 Scheibe Vollkornbrot (ca. 87 kcal)
Salz, Pfeffer
1 EL frische Kresse (ca. 5 kcal)
1 EL Sonnenblumenkerne (ca. 118 kcal)

So wird's gemacht

1. Von der entsteinten halben Avocado die Haut abziehen. Das Avocadofleisch in Scheiben schneiden und auf das Brot legen. Leicht salzen und pfeffern und mit der Kresse und den Sonnenblumenkernen garnieren.

Variante 12 Schmackhafte Gemüsepfanne

Sie benötigen

je 1 rote und gelbe Paprikaschote (je ca. 44 kcal)
2 Tomaten (ca. 46 kcal)
1 Zucchino (ca. 38 kcal)
⅛ l Gemüsebrühe (ca. 5 kcal)
1 EL Sahne (ca. 47 kcal)
Salz, Pfeffer
1 Scheibe Vollkorntoast (ca. 58 kcal)

So wird's gemacht

1. Die Paprikaschoten waschen, entkernen und die Paprikahälften in dünne Streifen schneiden. Die Tomaten waschen, die Stielansätze entfernen und das Fruchtfleisch achteln. Den Zucchino waschen und in feine Scheiben schneiden.
2. Die Gemüsebrühe erhitzen und das vorbereitete Gemüse darin in ca. 10 Minuten garen, dabei soll das Gemüse noch bissfest sein.
3. Die Gemüsepfanne mit der Sahne verfeinern und mit Salz und Pfeffer abschmecken. Den Vollkorntoast dazu servieren.

Vollkornbrot mit Putenwurst

Variante 13

Sie benötigen

1 Scheibe Vollkornbrot (ca. 87 kcal)
1 TL Halbfettbutter (ca. 25 kcal)
100 g Putenfrischwurst (ca. 160 kcal)
1 Tomate (ca. 23 kcal)
1 EL frische Kresse (ca. 5 kcal)

So wird's gemacht

1. Das Brot mit der Halbfettbutter bestreichen und mit der Putenwurst belegen.
2. Die Tomate waschen, den Stielansatz entfernen und das Fruchtfleisch in Scheiben schneiden. Das Brot mit den Tomatenscheiben belegen und mit der frischen Kresse garnieren.

Fitness-Vollkornbrot

Variante 14

Sie benötigen

1 Scheibe Vollkornbrot (ca. 87 kcal)
1 TL Halbfettbutter (ca. 25 kcal)
1 Apfel (ca. 75 kcal)
3–4 Scheiben Camembert, 14 % Fett, etwa 45 g (ca. 99 kcal)
1 EL frische Kresse (ca. 5 kcal)

So wird's gemacht

1. Das Brot mit der Halbfettbutter bestreichen. Den Apfel waschen, das Kerngehäuse entfernen. Das Fruchtfleisch in dünne Scheiben schneiden und damit das Brot belegen.
2. Die Camembertscheiben auf die Apfelspalten legen. Das fertige Brot mit der Kresse garnieren.

Mit Molke schmeckt fast jedes Gemüse – sogar den Kindern.

Molkedrinks für Gesundheit und Fitness

Wer sich um ausreichende Mengen natürlicher Vitalstoffe bemüht, der wäre – ebenso wie die vegetarisch lebenden Tiere – ständig am Kauen. Und da uns Menschen dies sicher keinen großen Spaß machen würde, sind Säfte für uns die ideale Alternative. Sie enthalten bis zu 90 % der Wirkstoffe einer Frucht, ohne die großen Mengen Faserstoffe, welche die Verdauungsarbeit behindern. Gewisse Faserstoffmengen sind zwar günstig für die Darmbewegung und die Bindung von Schlackenstoffen im Darm, die bei einer überdurchschnittlichen Vitalstoffversorgung mit Frischkost mitgelieferten Ballaststoffmengen überfordern jedoch die meisten Verdauungssysteme. Sie binden die Verdauungssäfte wie ein Löschpapier an sich und schaffen so die Grundlage für Gärungsprozesse im Darm. Dies sollte Sie natürlich nicht davon abhalten, immer wieder kleinere Mengen frisches Gemüse, Obst und Vollkornprodukte zu essen. Probieren Sie einfach aus, welche Mengen Ihr Darm problemlos verträgt, und steigern Sie die Mengen so lange, bis Sie sich mit dieser gesunden Ernährung wohl fühlen und satt werden.

Obstsäfte, Früchte und Gemüsesäfte mit Molke

Natürlich können Sie auch den selbst gemachten Molkefrischkäse, -joghurt oder -kefir mit Obststückchen vermengen – so erhalten Sie eine schnelle und leckere Mahlzeit oder ein Dessert.

Rezepte für die gesunde Kombination von Molke und Obst werden Sie nicht benötigen. In Molke schmeckt nahezu alles, sogar das sauerste Obst. Da die basische Molke die Fruchtsäuren bindet, können auf diese Weise auch säureempfindliche Menschen Obst genießen. Mischen Sie einfach den Saft in die Molke oder geben Sie Fruchtstückchen dazu, die Sie kurz mit dem Pürierstab mixen.

Während den meisten Obst schmeckt, haben viele mit dem Geschmack von rohem Gemüse Schwierigkeiten. Gemüsesäfte helfen Ihnen, sich auch die Heilkraft des rohen Gemüses zu erschließen.

Rezepte für Gesundheitsdrinks

Die folgenden Gesundheitsdrinks sind entsprechend der Heilwirkung der einzelnen Gemüsesorten zusammengestellt. Sie sind wahre Vitamin-, Mineral- und Enzymbomben und haben lediglich zwischen 50 und 100 kcal pro Glas (0,2 l). Sie wirken gemeinsam mit der Molke so sättigend, dass Sie gut einmal eine Mahlzeit ausfallen lassen können. Um die Säfte herzustellen, benötigen Sie lediglich einen handelsüblichen Entsafter.

Die Rezepte sind auf die Mischung mit dem Molkepulver abgestimmt und schmecken erst damit richtig gut. Die genauen Zutatenmengen können Sie jedoch jederzeit nach Ihrem individuellen Geschmack variieren.

Erst die Zugabe von Molke aber macht den Darmbakterien das gründliche Aufschließen der Wirkstoffe besonders leicht und erfüllt einen wichtigen Zweck: Unser Körper benötigt lebendige Nahrung, um lebende Zellen aufzubauen!

Auf zwei Stoffe – Betakarotin und Chlorophyll – haben wir bei der Zusammenstellung der Säfte besonders geachtet. Sie haben sich bei der Vorbeugung der so genannten Zivilisationskrankheiten bewährt, denn sie binden Freie Radikale und kommen zudem immer nur in Verbindung mit einem ausgewogenen Vitamin- und Mineralspektrum vor.

Bei den folgenden Gesundheitsdrinks haben wir die Zusammenstellung der Gemüsesorten so gewählt, dass Sie mit jedem Drink eine gesunde »Waffe« gegen die typischen Beschwerden unserer Zeit haben. Die einzelnen Zutaten der Säfte geben Sie einfach nacheinander in den Entsafter, dazu kommen immer ein bis zwei gehäufte Teelöffel Molkepulver. Je nach Geschmack können Sie auch mit etwas Wasser verdünnen – probieren Sie einfach aus, wie es Ihnen am besten schmeckt.

Ein kleiner Tipp: Geben Sie die besonders geschmacksintensiven Bestandteile zum Schluss Stück für Stück zu und probieren Sie einfach zwischendurch, ob Ihnen der Saft so schmeckt. Ein zusätzlicher Apfel oder auch Möhren helfen, wenn der Geschmack doch zu intensiv geworden ist.

»High Tech« mit Molke, nicht nur für Sportler

Mit Steinsalz und Dolomit angereicherte Molke hat sich im Hochleistungssport als Aufbaugetränk bestens bewährt.

Diesem Buch ist ein Muster beigefügt, das als »High Tech-Produkt« modernsten Maßstäben entspricht: eine Sporternährung zur Einnahme vor, zwischen und nach sportlichen Höchstleistungen. Viele Spitzensportler, darunter besonders viele Langstreckenläufer, schwören auf diesen wohlschmeckenden »Zaubertrank« seit Jahren: RASOvit®. Er enthält Süßmolke mit rechtsdrehenden Milchsäurekulturen, wertvolles Steinsalz, ein besonders mineralstoffreiches, reines Urmeersalz, das in 400 Metern Tiefe abgebaut wird, Dolomit aus Kalzium und Magnesium als biogenen Mineralstoff, wichtig für Knochen- und Muskelaufbau, sowie Kräuter und Gewürze.

Molke, Steinsalz, Dolomit – diese drei Zutaten ergänzen sich zu einem Aufbaugetränk (heiß oder kalt anzurühren und zu trinken), das sich nicht nur für Hochleistungssportler eignet. Durch ein aufwendiges Sprühverfahren werden die Vitamine und Eiweiße der Süßmolke erhalten, ihre Mineralien werden nicht zerstört.

Steinsalz ist unbelastet von Umwelteinflüssen und wird weder raffiniert, synthetisiert noch chemisch behandelt. Steinsalz bindet kaum Wasser und wirkt sich somit auch nicht negativ auf den Blutdruck aus. Es enthält Jod und Selen, ist somit stoffwechselaktiv und stärkt das Immunsystem.

Dolomit, der »Fels des Lebens«, enthält die für Knochen- und Muskelaufbau wichtigen Mineralstoffe Kalzium und Magnesium.

Dolomit, natürlicher Kalkstein, auch »Fels des Lebens« genannt, enthält 32 Prozent Kalzium und 20 Prozent Magnesium. Kalzium ist wichtig für den Knochenstoffwechsel und die Funktionen der Muskeln, Magnesium-Ionen nehmen an rund 300 Enzym-Reaktionen im Organismus teil.

Auch als Basis einer äußerst wohlschmeckenden (und gesunden) Instant-Suppe, zum Würzen von Speisen und als gesunde Allzweckwürze eignet sich das »High Tech-Pulver«. Ferner gibt es von RASO® verschiedene delikate Molken-Suppen, -Saucen und -Würzen.

So machen Gesundheitsdrinks fit und aktiv

1. Der Saft muss schmecken, damit Sie ihn gerne trinken. Etwas zu trinken, was nicht schmeckt, ist nicht sinnvoll. Es kann sonst sogar zu Übelkeit und Erbrechen kommen und verleidet einem schnell den gesunden Genuss.
2. Frucht- und Gemüsesäfte lassen sich nicht mischen. Eine Ausnahme bilden lediglich Karotten und Äpfel.
3. Mischen Sie grüne Säfte unbedingt immer mit den verträglicheren und milderen Säften wie Karotten- oder Apfelsaft, um einen angenehmen Geschmack zu erreichen.
4. Maximal ein Viertel des Drinks sollte Saft von grünem Gemüse enthalten. Zum Auffüllen eignen sich am besten Apfel-, Karotten- oder Selleriesaft.
5. Blattgemüse wie Salat, Petersilie, Spinat und Grüngemüse sollten Sie erst in der Hand zu kleinen Bällchen zusammendrücken, bevor Sie es in den Entsafter geben.
6. Weiche Lebensmittel wie Beeren zwischen festem Gemüse entsaften, damit das Gerät nicht verstopft.
7. Zwischen zwei Saftrezepturen haben sich Äpfel als eine Art »Grobreinigung« des Entsafters bewährt.
8. Geben Sie die Molke sofort zu und nehmen Sie die Drinks immer gleich zu sich, um die volle Kraft der Vitamine und Enzyme zu erschließen.
9. Schlucken Sie die Säfte nicht einfach herunter. Beim genussvollen Kauen im Mund wird eine Vorverdauung durch den Speichel eingeleitet – so gelangen wichtige Vitalstoffe bereits über die Mundschleimhaut in die Blutbahn.
10. Um die gesundheitliche Wirkung unserer Drinks voll auszuschöpfen, sollten Sie pro Tag zwei bis drei Gläser davon trinken – bei der Sorte haben Sie die Qual der Wahl.

Wenn Sie regelmäßig jeden Tag zwei bis drei Gläser unserer schmackhaften Säfte trinken, werden Sie sich schon bald sehr viel vitaler und leistungsfähiger fühlen.

Frische Gesundheitsdrinks mit Molke

Sommerfrische	⅓ Rotbuschtee, ⅓ Molke, ⅓ Apfelsaft, etwas Zitronensaft
Blütenkraft	1 TL Blütenpollen u. 1 TL Apfelessig oder Molkekonzentrat mit Wasser auffüllen, 1–2 TL Molkepulver dazugeben und verrühren
Abwehrschwäche/ Erkältung	3 Karotten, 1 Sellerieknolle, 1 Apfel, 5 Stängel Petersilie oder 5 Karotten, 1 kleines Stück Ingwerwurzel, ½ Apfel, 4 Stängel Petersilie oder 1 Sellerieknolle, 1 reife Tomate, ½ Gurke, ½ Zitrone
Allergien	5 Karotten, 1 kleine Rote Bete (mit Kraut) oder 2 Karotten, 1 Artischocke, 1 Sellerieknolle oder 5 Karotten, ½ Rote Bete, 1 dicke Scheibe rohe Kartoffel mit Schale
Adipositas	5 Karotten, 1 Stange Sellerie oder 3 Karotten, 1 Rote Bete, eine Hand voll Spinat oder 2 Karotten, 1 Tomate, ½ Rote Bete, ½ kleine Gurke
Anämie (Blutarmut)	2 Karotten, eine Hand voll Spinat, Brunnenkresse und Meerrettich nach Geschmack oder 4 Karotten, 1 kleine Gurke, 2 Weißkohlblätter, ½ rote Paprikaschote oder 5 Karotten, ½ Rote Bete, 1 Stange Sellerie, 4 Stängel Petersilie
Arteriosklerose / Bluthochdruck	4 Karotten, 4 Stängel Petersilie, ½ Rote Bete (mit Kraut) oder 1 Rote Bete (mit Kraut), 1 Apfel oder Orange oder 3 Karotten, 1 Apfel, 1 Knoblauchzehe, 3 Stängel Petersilie
Arthritis/Arthrose	2 Karotten, 2 Selleriestrünke, 75 g Weißkohl oder 4 Karotten, 1 Rote Bete (mit Grün), 7 Salatblätter oder 5 Karotten, 1 dicke Scheibe rohe Kartoffel mit Schale, 5 Blätter Weißkohl
Atemwegs-erkrankungen	3 Karotten, Weißkohl und Knoblauch nach Geschmack oder 5 Karotten, 1 Rote Bete (mit Grün), etwas Gurke oder 5 Karotten, Meerrettich oder Rettich nach Geschmack
Augenprobleme	4 Karotten, 1 Rote Bete oder 5 Karotten, 10 Spinatblätter, 4 Weißkohlblätter, Kresse oder 6 Karotten, ½ Rote Bete (mit Grün)

Blasenentzündung / Nierenentzündung	3 Karotten, 1 Rote Bete (mit Grün), ½ Gurke oder 3 Karotten, 1 Stange Sellerie, 3 Stangen Spargel
Magenschleimhautentzündung / Darmentzündung / Durchfall	1 Tomate, 100 g Weißkohl, 2 Sellerieknollen, Knoblauch oder 1 große Fenchelknolle, 2 Äpfel, ½ Rote Bete (mit Grün) oder 4 Karotten, 1 Rote Bete (mit Grün), eine Hand voll Spinat oder Brennnessel
Darmträgheit	3 Karotten, 1 dicke Scheibe rohe Kartoffel mit Schale, 1 Hand voll Spinat oder 3 Karotten, 1 Apfel, 7 Salatblätter oder 3 Karotten, 1 Apfel, 1 Orange
Entgiftung / Entschlackung / Hautreinigung	5 Karotten, 1 rote Paprikaschote, 2 Knoblauchzehen, 5 Stängel Petersilie oder 3 Äpfel, ½ Rote Bete (mit Grün), 2 Stängel Petersilie oder 5 Karotten, 1 Apfel, ½ Rote Bete, 1 kleines Stück Ingwerwurzel
Erschöpfung / Sportlertrunk / Konzentrationsschwäche	6 Karotten, ½ Rote Bete (mit Grün), 3 Stängel Petersilie oder 4 Karotten, eine dicke Scheibe rohe Kartoffel mit Schale, 1 Apfel, 5 Stängel Petersilie oder 5 Karotten, 5 Stängel Petersilie, ¼ rohe Kartoffel mit Schale
Haare und Nägel	5 Karotten, ½ Pastinake oder 5 Karotten, 7 Salatblätter, 4 Weißkohlbätter oder 4 Karotten, eine Hand voll Spinat, 4 Weißkohlblätter
Gicht und Rheuma	5 Karotten, 1 Stange Sellerie, 3 Stängel Petersilie oder 5 Karotten, 1 Rote Bete (mit Grün), ½ Gurke oder 1 Rote Bete, 1 Gurke, Brunnenkresse nach Geschmack
Krebsvorbeugung	4 Karotten, 4 Broccolirosetten mit Stielen, ½ Apfel oder 5 Karotten, 4 Weißkohlblätter, 4 Stängel Petersilie, 1 Apfel oder 3 Karotten, ½ Gurke, ½ Rote Bete
Osteoporose	5 Karotten, ½ Gurke, 1 Hand voll Brennnesseln (ersatzweise 5 Weißkohlblätter) oder 3 Karotten, ½ Gurke, ½ Rote Bete, Brunnenkresse oder 3 Karotten, 8 Salatblätter, 1 Apfel
Zellulite	5 Möhren, 1 Apfel, 1 Rote Bete (mit Grün) oder 3 Möhren, 1 Stange Sellerie, 8 Salatblätter oder 3 Möhren, 4 Spargelstangen, 7 Weißkohlblätter

Körperpflege mit Molke an gesunden und kranken Tagen

In der biologischen Kosmetik kann Molke sehr viel Gutes bewirken. Dies gilt für frische Molke ebenso wie für Molke aus Molkepulver. Bereits in der Antike war Molke nicht nur ein Medikament, sondern auch im Bereich der Schönheitspflege ein begehrtes Ausgangsmaterial – Cleopatra hat damals bestimmt nicht nur in Eselsmilch gebadet. Die wertvollen Inhaltsstoffe der Molke sind für alle Hauttypen geeignet – auch für die empfindliche Problemhaut –, und so kann man mit Molke nicht nur innerliche Gesundheit, sondern auch äußerliche Schönheit erlangen. Lernen Sie in diesem Kapitel die vielseitigen Einsatzmöglichkeiten von Molke im Bereich der Körperpflege kennen. Die Pflegeprodukte sind einfach herzustellen und für die ganze Familie geeignet – die verwendeten Zutaten sind so schonend, dass sie sogar von Babys Haut vertragen werden.

Baden mit Molke

Alle hier vorgestellten Rezepte für Molkebäder sind auch mit flüssiger Molke durchführbar. Nehmen Sie dann anstatt der 12 gehäuften Esslöffel Molkepulver 3 l Flüssigmolke und je nach Bedarf einen weiteren Zusatz für ein Vollbad. Falls Sie ein fertiges Molkebad verwenden, halten Sie sich bitte bei der Dosierung an die Angaben des Herstellers.

Ausgehend von diesen Grundrezepten können Sie sich Gesundheits- oder Schönheitsbäder in vielen Variationen zusammenstellen.

Grundrezept 1 für ein Vollbad

Lassen Sie ca. 39 °C warmes Wasser in die Badewanne einlaufen. Zum Schluss geben Sie 3 l Fertigmolke dazu.
Badetemperatur: 36 – 39 °C
Badedauer: ca. 20 Minuten

Grundrezept 2 für ein Vollbad

Lassen Sie ca. 50 °C heißes Wasser in die Wanne einlaufen. Lösen Sie 12 EL Molkepulver gründlich in Wasser auf und geben Sie es zum Badewasser. Dann auf Badetemperatur reduzieren.
Badetemperatur: 36 – 39 °C
Badedauer: ca. 20 Minuten

Wirkstoffergänzung durch Molke

Wer auf seinen bisher gewohnten Badezusatz nicht verzichten möchte, kann ihn mit Molke aufwerten. Verwenden Sie dazu die halbe Menge aus Grundrezept 1 oder 2 und geben Sie die halbe Menge Ihres gewohnten Badezusatzes dazu.

Wenn Sie es einmal ausprobiert haben, mögen Sie es nicht mehr missen. Ein Molkebad entspannt und pflegt die Haut gleichzeitig auf wunderbar sanfte Art.

In der Badewanne auf Nummer Sicher

- **Achtung: Bei bestehenden Herz- und Venenerkrankungen sollte die Badetemperatur nicht über 28 –33 °C liegen!**
- **Venenkranke können Wassertemperaturen bis 37 °C gefahrlos vertragen, sollten aber die Beine auf den Wannenrand hoch legen, um die Venen zu entlasten und eine zusätzliche wärmebedingte Erschlaffung der Venen zu vermeiden.**
- **Wer zu chronisch kalten Füßen neigt, kann, wenn das Badewasser abgekühlt ist, die Beine kurz aufwärmen. Danach sollte abschließend ein kalter Schenkelguss erfolgen. Ihre Beine werden es Ihnen mit gesteigerter Durchblutung und einer guten Durchwärmung danken.**

Bei Herzkranken sollte die Wasserhöhe nur bis zur so genannten Körpernaht (Beckenkamm) reichen.

Die folgenden medizinischen Bäder mit Molke haben sich bei verschiedenen Indikationen bewährt.

Molkebad mit Hopfen

Indikation: Ein- und Durchschlafschwierigkeiten, Angst, Nervosität.
Grundrezept 1 oder 2, zusätzlich 1 l Hopfentee aus 50 g getrockneten Hopfenzapfen.

Trocknen Sie sich nach Beenden des Bades nicht ab, sondern wickeln Sie sich nur in ein großes Badetuch; legen Sie sich hin und ruhen Sie noch mindestens 20 Minuten nach.

Molkebad mit Melisse

Indikation: Beklemmung, Anspannung.
Grundrezept 1 oder 2, zusätzlich 15 Tropfen ätherisches Melissenöl oder 1 l Melissentee aus 50 g getrockneter Melisse.

Molkebad mit Lavendel

Indikation: Juckreiz, kleine Wunden, Akne, Nervosität.
Grundrezept 1 oder 2, zusätzlich 15–20 Tropfen ätherisches Lavendelöl oder 1 l Lavendeltee aus 50 g getrocknetem Lavendel.

Bei starkem Juckreiz geben Sie zusätzlich 10–15 Tropfen Manuka-teebaumöl in das Badewasser.

Anregendes Molkebad

Indikation: Kreislauf- und Konzentrationsschwäche, niedriger Blutdruck, Erschöpfung.
Grundrezept 1 oder 2, zusätzlich 20 Tropfen Rosmarinöl.

Molkebad mit Kamille

Indikation: Reizungen des Magen-Darm-Traktes, Entzündungen allgemein.
Grundrezept 1 oder 2, zusätzlich 20 Tropfen Kamillenöl oder 1 l Kamillentee aus 50 g getrockneten Kamillenblüten.

Erkältungsbad mit Molke

Indikation: grippale Infekte, Bronchitis, Schnupfen, subakute Zustände.
Grundrezept 1 oder 2, zusätzlich je 5 Tropfen Cajeputteebaum-, Pfefferminz-, Eukalyptus-, Kampfer- und Thymianöl.

Lassen Sie die Badetemperatur langsam bis 40 °C ansteigen. Bleiben Sie so lange in der Badewanne, bis Sie eine Körpertemperatur von 40 °C erreicht haben.

Für ein Molke-Duftbad geben Sie zu dem Grundrezept 1 oder 2 zusätzlich 15 Tropfen eines von Ihnen bevorzugten ätherischen Öls in das Badewasser – aber erst, wenn die Badetemperatur erreicht ist.

Vorsicht beim Erkältungsbad

Führen Sie ein ansteigendes Erkältungsbad niemals alleine durch, da es zu Kreislaufproblemen kommen kann. Für Kreislaufkranke ist dieses Bad deshalb nicht geeignet. Anzeichen für einen beginnenden Kreislaufkollaps sind aufkommende Übelkeit, Beklemmung, erhöhter Puls. Treten diese Symptome auf, ist das Bad sofort abzubrechen.

Körperpflege mit Molke für die ganze Familie

An große kalte Ganzkörpergüsse sollten Sie sich allmählich gewöhnen. Am leichtesten gelingt es nach einem warmen Vollbad.

Machen Sie regelmäßig kalte Gesichtsgüsse, um die Durchblutung und die natürliche Feuchtigkeit sowie die Anregung der Talgdrüsen zu sichern. Es ist die beste Vorbeugung gegen Schnupfen, Stirnhöhlenentzündungen, Husten und weitere grippale Infekte.

Gute Helfer sind auch ein Peeling und die Trockenbürstung. Sie machen die Haut aufnahmefähiger für Pflegeprodukte, weil abgestorbene Hautzellen entfernt und die Durchblutung verbessert wird.

Molkepeeling für trockene Haut

1 EL Molkepulver, 1 TL Honig, 1 EL Joghurt, 3 Tropfen Zitronensaft.

Zutaten vermischen, auftragen, ca. 2 – 3 Minuten einwirken lassen und mit kreisenden Bewegungen unter kaltem Wasser abwaschen.

Das Molkepeeling erfrischt und pflegt die Haut und ist für alle Hauttypen geeignet.

Gesichtskompresse

150 ml lauwarme Molke, 1 Kompresse, 5 Tropfen Lavendelöl.

Die Kompresse in die Molke tauchen, in die Sie das Lavendelöl gegeben haben. Nur so weit auswringen, dass die Kompresse nicht tropft. Für 20 Minuten auf das Gesicht legen.

Molkemaske mit Leinöl

1 Eiweiß schaumig schlagen, mit 1 TL Leinöl und 3 TL Molkepulver mischen.

Die Maske auftragen und 20 Minuten einwirken lassen, mit lauwarmem Wasser entfernen.

Creme für sehr trockene Haut

50 g Weizenkeimöl, 2 EL Lanolin, 10 Tropfen Rosenöl, 1 EL Molkepulver.

Lanolin im Wasserbad auf 70°C erwärmen. Weizenkeimöl und Molkepulver zugeben und unter ständigem Rühren abkühlen. Zum Schluss das Rosenöl unterrühren. Die Creme in eine geeignete Dose geben und im Kühlschrank aufbewahren.

Molkebad bei extrem trockener Haut

Grundrezept 1 oder 2, zusätzlich 2 EL Mandelöl.

Nach dem Bad nicht abtrocknen, sondern mit dem Handtuch nur leicht abtupfen, sodass das Öl auf der Haut einziehen kann.

Molkekompresse für fettige Haut

150 ml Gurkensaft, 2 gehäufte TL Molkepulver, 1 TL Zitronensaft, 1 Kompresse.

Alles miteinander verrühren und die Kompresse eintauchen, auswringen, auflegen und 20 Minuten einwirken lassen.

Auch für die fettige Haut gilt die oben erwähnte Empfehlung zur Hautpflege, da sie sich normalisierend auf den Hautstoffwechsel auswirkt.

Gesichtswasser für fettige Haut

¼ l Pfefferminztee aus frischer Pfefferminze, ¼ l Kamillentee aus frischen Kamillenblüten, ¼ l Molke, 2 EL Zitronensaft.

Alle Zutaten vermischen und mit einem Wattebausch morgens und abends nach der Gesichtsreinigung auftragen.

Gurkenmaske mit Zitronensaft

80 g zerkleinerte Gurke, 1 TL Zitronensaft, 1 gehäufter TL Molkepulver.

Die Zutaten vermischen und als Maske auftragen. Bis zum Trocknen, mindestens aber 40 Minuten, einwirken lassen und mit lauwarmem Wasser abspülen.

Erfrischende Zitronencreme

5 Tropfen Lavendelöl, 5 Tropfen Manukateebaumöl, 2 gehäufte EL Lanolin, 50 ml destilliertes Wasser, Saft ½ Zitrone, 1 EL Molkepulver.

Füllen Sie die Creme in eine Cremedose und bewahren Sie diese im Kühlschrank auf.

Destilliertes Wasser (Sie können auch abgekochtes Wasser verwenden) erwärmen und das Molkepulver darin auflösen. Lanolin im Wasserbad auf 60 °C erwärmen, Teebaum- und Lavendelöl tropfenweise zugeben, das Molkewasser nach und nach untermischen und das Ganze zu einer glatten Creme rühren. Zuletzt den Zitronensaft unterziehen.

Warme Molkekompresse für normale Haut

¼ l warme Molke, 1 Kompresse.

Kompresse eintauchen, auswringen und 20 Minuten auflegen.

Alle Pflegeprodukte sind auch für die alternde Haut geeignet. Hier ist besonders wichtig, sehr viel zu trinken, damit die Haut nicht austrocknet und faltig wird.

Orangenmaske mit Molke

1 TL Leinsamenöl, 2 TL Orangensaft, 1 gehäufter TL Molkepulver.

Zutaten mischen und auftragen. Einwirkzeit 20 Minuten, danach mit lauwarmem Wasser abspülen.

Vitamincreme

2 EL Lanolin, 50 ml destilliertes Wasser, 3 Multivitaminkapseln, 1 gehäufter EL Molkepulver.

Destilliertes Wasser erwärmen und die Molke darin auflösen. Lanolin im Wasserbad auf 60 °C erwärmen und mit dem warmen Molkewasser verrühren. Etwas abkühlen lassen und den Inhalt der aufgeschnittenen Vitaminkapseln einrühren.

Pflege für Babys und empfindliche Haut

Molkebad für Babys

Geben Sie dem Badewasser je nach Wannengröße 5–10 gehäufte EL Molkepulver, 2–3 EL Honig, ½ l Kamillentee oder 5–10 Tropfen Kamillenextrakt zu.

Badetemperatur für Säuglinge und Kleinkinder: 36 °C.

Badedauer: 12–15 Minuten.

Auch für die schonende Pflege unserer Kleinsten sind die natürlichen Inhaltsstoffe der Molke bestens geeignet.

Babyshampoo mit Molke

100 g Betain, 2 EL Molkepulver in 100 ml abgekühlten Kamillentee gerührt, 10 ml Brennnesseltinktur, ½ TL Xanthan.

Xanthan und Betain zu einem krümelfreien Brei rühren, anschließend 5–6 Stunden quellen lassen. Dann den Molke-Kamillentee einrühren und zuletzt die Brennnesseltinktur zugeben. Benutzen Sie ein hohes Rührgefäß, da die Mischung stark schäumt!

Füllen sie das Shampoo in eine wiederverschließbare Flasche und bewahren Sie diese im Kühlschrank auf.

Babypflegecreme

20 g Bienenwachs, 50 g Mandelöl, 50 g Weizenkeimöl, 20 g Vaseline, 5 Tropfen Kamillenöl oder Kamillenextrakt, 2 EL Molkepulver, 30 g Sonnenblumenöl.

Erwärmen Sie das Bienenwachs und die Vaseline im Wasserbad, bis sie geschmolzen sind, geben Sie nach und nach die Molke und die anderen Zutaten dazu. Creme zum Abkühlen ständig rühren. Bei Kindern mit Neurodermitis können Sie noch je 5 Tropfen Manukateebaumöl und Lavendelöl zugeben. Danach in eine Cremedose füllen und im Kühlschrank aufbewahren.

Diese Babycreme ist auch als Wind- und Wettercreme verwendbar.

Pflege für spröde und trockene Lippen

2 TL Weizenkeimöl, 10 g Bienenwachs, 5 Tropfen Teebaumöl, 1–2 TL Molkepulver.

Bienenwachs im Wasserbad erwärmen, bis es geschmolzen ist. Weizenkeim- und Teebaumöl zugeben. Zum Schluss das Molkepulver unterrühren und das Ganze unter ständigem Rühren abkühlen lassen. Füllen Sie die Pflegecreme in ein kleines Döschen.

Aftershavelotion

½ l Molke, 10–15 Tropfen Teebaumöl, 5 Tropfen Lavendelöl.

Das ätherische Öl in der Molke emulgieren lassen. In einer gut verschließbaren Flasche aufbewahren, damit sich die ätherischen Öle nicht verflüchtigen.

Wer weiße Zähne möchte, mischt ½ TL Natronpulver mit 1 TL Molke und gibt dies auf die angefeuchtete Zahnbürste. Mehrmals in der Woche die Zähne damit putzen.

Nagelbad für Hand und Fuß

5 EL Molkepulver für eine Fuß- oder 3 EL Molkepulver für eine Handbadewanne, 1–2 EL Olivenöl.

Molkepulver in gut warmem Wasser auflösen, Olivenöl dazugeben und Hände oder Füße 15 Minuten darin baden.

Handcreme mit Orangenöl

30–40 ml Wasser (je nach Bedarf), 3 TL Molkepulver, 2 TL Vaseline, ½ TL Sonnenblumenöl, 5 Tropfen Orangenöl.

Das Wasser erwärmen und das Molkepulver darin auflösen. Vaseline im Wasserbad erwärmen, bis sie flüssig geworden ist, und das Molkewasser darin einrühren. Nach und nach das Sonnenblumen- und Orangenöl zugeben. Nach dem Abkühlen im Kühlschrank in einer Cremedose aufbewahren.

Fußcreme mit Molke

2 EL Lanolin, 1 EL Molkepulver, 5 Tropfen Teebaumöl, 1 TL Mandelöl.

Das Lanolin im Wasserbad langsam erwärmen und das Molkepulver nach und nach dazugeben. Das Ganze zu einer glatten Masse rühren und vom Herd nehmen. Das Öl tröpfchenweise dazugeben. Abkühlen lassen, in eine Cremedose füllen und im Kühlschrank aufbewahren.

Schuppenshampoo mit Molke

25 g frisches Seifenkraut (Blätter und Stiele), ½ l Wasser, 25 g Brennnesselblätter, 5 Tropfen Lavendelöl, 2 EL Molkepulver.

Das Seifenkraut und die Brennnesselblätter in 50 °C warmem Wasser ca. ½ Stunde ziehen lassen, abseihen. Molke und Lavendelöl zugeben, gut verrühren und in eine wiederverschließbare Flasche füllen. Im Kühlschrank aufbewahren.

Dieses Shampoo erzielt trotz geringer Schaumbildung eine gute Wirkung.

Haarspülung für dunkles Haar

Je nach Haarlänge ⅛ – ¼ l Schwarztee, 1 – 2 TL Molke, 1 – 3 Tropfen Rizinusöl.

Zutaten vermischen und über die gewaschenen Haare geben. 5 Minuten einwirken lassen, danach ausspülen.

Eine Haarspülung für helles Haar erhalten Sie, wenn Sie Kamillentee statt dem Schwarztee verwenden.

Brennnesselspülung bei Schuppen

½ l Brennnesseltee, 3 Tropfen Lavendelöl, 2 EL Molkepulver.

Die Zutaten vermischen und die Spülung nach dem Haarewaschen gut in die Kopfhaut einmassieren. 5 Minuten einwirken lassen, danach ausspülen.

Haarkur für sprödes und strapaziertes Haar

2 Eigelb, 1 EL Honig, ¼ l Kamillentee, 1 gehäufter EL Molkepulver, 2 Tropfen Olivenöl, 20 ml Bier (je nach Haarfarbe helles oder dunkles Bier).

Zutaten vermischen und die Kur auf die gewaschenen Haare auftragen, 30 Minuten einwirken lassen und ausspülen.

Anhang

Bezugsadressen/Informationen

Probiotische Bakterienkulturen für Quark und Frischkäse, Joghurt oder Kefir erhalten Sie in Apotheken, Drogerien, Reformhäusern und Naturkostläden, in den Hobbythekläden oder von:

Biokosma GmbH, Brühlstr.15, 78465 Konstanz, Tel.: 0 75 33/93 01 40, Fax: 0 75 33/93 01 30.

DE-VAU-GE GESUNDKOSTWERK GMBH, Lüner Rennbahn 16, 21339 Lüneburg, Tel.: 0 41 31/9 85 01, Fax: 0 41 31/18 71 37.

Spinnrad GmbH, Am Luftschacht 3a, 45886 Gelsenkirchen, Tel.: 02 09/17 00 00, Fax: 02 09/1 70 00 40.

Marion's Tee-Gewürz-Kräuter-Haus (Rotbuschtee), Kipdorf 52, 42103 Wuppertal-Elberfeld, Tel.: 02 02/44 54 16, Fax: 02 02/45 63 29.

Informationen über die klassische Molkekur und Kurmöglichkeiten erhalten Sie bei der **Arbeitsgemeinschaft Klassische Molketrinkkur**, Dr. Anemueller, 83233 Bernau, Tel.: 0 80 51/75 85, Fax: 0 80 51/8 95 20.

Informationen zum Thema Heilwasser erhalten Sie beim **Verband Deutscher Heilbrunnen-Grosshändler e.V.**, Geschäftsstelle Hausdorffstraße 2, 53129 Bonn, Herr Peter Hahn,
Tel.: 02 28/21 29 28 Fax: 02 28/14 93 28 oder im Internet unter www.heilwasser-info.de und www.kubis.de.
oder bei Herrn Heinz Zanger, **Fa. Ralser & Heller**, 91058 Erlangen-Tennenlohe, Tel.: 0 91 31/60 37 33, Fax: 0 91 31/60 37 49.

Wir danken folgenden Produzenten von Molkeprodukten für ihre Beratung bei der Erstellung dieses Buches:

Bioforce GmbH, Brühlstraße 15, 78441 Konstanz,
Tel.: 0 75 33/9 30 10, Fax: 0 75 33/93 01 31.

Jalus-Haus, Bahnhofstraße 24, 83052 Bruckmühl,
Tel.: 0 80 62/90 10, Fax: 0 80 62/90 13.

Heirler GmbH Biologische Erzeugnisse, Güttinger Straße 23,
78315 Radolfzell, Tel.: 0 77 32/80 70.

Mertina-Produkte W. Stein, Augsburger Straße 26,
86690 Mertingen, Tel.: 0 90 78/9 69 70, Fax: 0 90 78/96 97 25.

Raab Naturkost, Leitenweg 8a, 85283 Wolnzach,
Tel.: 0 84 42/9 11 88, Fax: 0 84 42/9 11 90.

RASO - Vollwertkost Max Baumann, 88239 Wangen im Allgäu,
Tel.: 0 75 28/9 10 22, Fax: 0 75 28/9 10 23.

Fragen zu diesem Thema oder unseren Büchern beantworten wir gerne, bitte schreiben Sie an:
E. M. und J. H. Angerstein, Postfach 11 09, 94228 Viechtach, Fax: 0 99 42/56 40, Email: Joachim@Angerstein.de. Oder besuchen Sie uns auf unserer Homepage im Internet.
Unter www.Angerstein.de finden Sie in der Rubrik »Info« stets aktuelle Hinweise.

Weiterführende Literatur

Angerstein, Joachim H.:
- Schlank nach Wunsch mit Apfelessig, Midena Verlag.
- Die Quark-Öl-Kur, Heyne Verlag.
- So heilen Teebaumöle, Midena Verlag.
- Die Essig-Hausapotheke, Weltbild Verlag.

Charmine, Susan E.: Die komplette Rohsaft-Therapie, Hörnemann Verlag.

Gray, Robert: Das Darm-Heilungsbuch, Verlag Droemer Knaur.

Haaga, Eva M.: Rotbuschtee, Heyne Verlag.

Pütz, Jean & Norten, Ellen: Joghurt, Quark & Käse, vgs Verlagsgesellschaft.

Bildnachweis

Angerstein, Kollnburg: S. 9, 40, 42

CMA, Bonn: S. 2, 74, 98, 111

Deutsche Heilbrunnen, Bonn: S. 10, 24, 57

IDM - Informationszentrale Deutsches Mineralwasser, Mühlheim an der Ruhr: S. 83

Johnson & Johnson/PENATEN, Düsseldorf: S. 121

Landesvereinigung der Bayerischen Milchwirtschaft e. V., München: S. 115

Milch & Markt Informationsbüro: S. 12, 49

Molkerei Alois Müller GmbH & Co., Aretsried: S. 20, 45

Nestlé Milchfrischprodukte GmbH: S. 34, 36

Reinhard-Tierfoto, Heiligkreuzsteinach: S. 17, 52, 54

Walther Schoenenberger Pflanzensaftwerk GmbH & Co. KG, Magstadt: S. 59, 64, 67, 78, 81, 93

Weinmann, Burggrub: S. 32

Register